하나님께 응답하는 기도

IVP(InterVarsity Press)는
캠퍼스와 세상 속의 하나님 나라 운동을 지향하는
IVF(InterVarsity Christian Fellowship)의 출판부로
생각하는 그리스도인을 위한 문서 운동을 실천합니다.

*Answering God*
© 1989 by HarperCollins Publishers
Originally published by arrangement with HarperOne,
an imprint of HarperCollins Publishers.
All rights reserved.

This Korean translation copyright © 2003, 2021 by Korea InterVarsity Press
156-10 Donggyo-ro, Mapo-gu, Seoul 04031, Republic of Korea.
This Korean translation rights arranged with HarperCollins Publishers
through EYA(Eric Yang Agency).

이 한국어판의 저작권은 EYA(Eric Yang Agency)를 통하여
HarperCollins와 독점 계약한 IVP에 있습니다.
신 저작권법에 의하여 한국 내에서 보호받는 저작물이므로
무단 전재와 복제를 금합니다.

# 하나님께 응답하는 기도

시편에서 발견하는 기도의 실제

유진 피터슨

**Ivp**

다시, 잰을 위하여

**일러두기**
이 책은 『응답하는 기도』의 장정과 편집을 새롭게 한 개정판입니다.

차례

감사의 글 9
서문 11

1장　기도의 텍스트 23
2장　기도의 길 41
3장　기도의 언어 59
4장　기도와 이야기 75
5장　기도의 리듬 93
6장　기도의 은유 109
7장　기도와 예배 125
8장　기도와 원수들 141
9장　기도와 기억 157
10장　기도의 끝 177
부록　현장의 소리 191

주 209

## 감사의 글

이 책 대부분은 내가 안식년 동안 사역지를 떠나 머문 몬태나주 플랫헤드에 위치한 집에서 썼다. 우리 부모님은 3년 전에 돌아가실 때까지 이곳에서 사셨다. 어릴 적 아버지가 이 집을 처음 지으실 때 나는 나무판자도 옮기고 연장도 날랐다. 45년 동안 이곳은 우리 부모님, 우리 누나, 형, 동생들과 그들의 가족 그리고 우리 가족이 기도하고 안식하고 마음을 새롭게 한 장소다. 아내와 나는 이번 안식년 동안 여기, 우리 부모님의 신앙이 가장 생생하게 살아 있는 듯한 곳에서 지냈다. 그러면서 그분들의 사역과 기도가 내 삶에, 나의 기도 생활, 나의 일, 나의 신앙생활에 얼마나 많이 흡수되었는지를 깨달았다. 이 글을 쓰는 여러 날 동안 나는 그분들의 삶의 열매를 거두어들이는 것처럼 느꼈다. 나는 그분들이 심으신 것들을 수확하고 있었다.

메릴랜드의 내 사역지, 그리스도 우리 왕 장로교회(Christ Our King Presbyterian Church)는 이 책 저술에 여러 모양으로 관련되어 있다. 안식년을 주었고, 기도하고, 격려해 주었다. 회중에게 이렇게 축복을 받은 목사는 거의 없을 것이다. 또 볼티모어에 있는 성 마리아 신학교와 에큐메니컬 협회(St. Mary's Seminary and Ecumenical Institute), 루이빌 장로교 신학교(Louisville Presbyterian Seminary), 풀러 신학교(Fuller Seminary), 뉴 칼리지 버클리(New College Berkeley)의 학생들은 여러 질문과 지지를 통해 본서를 더 깊이 있는 책으로 성숙시켜 주었다.

또한 방향을 잡아 주고, 격려하며 지원해 준 친구들이 있다. 러스와 캐시 레이드(Russ and Cathie Reid), 켄 코비(Ken Korby), 테리 맥고니걸(Terry McGonigal), 콘스턴스 피츠제럴드(Constance FitzGerald), O. C. D., 스티브 트로터(Steve Trotter), 제프리 윌슨(Jeffrey Wilson), 짐 리들(Jim Riddell)이 그들이다. 아내 잰은 내가 초고를 읽어 주었을 때 귀 기울여 듣고 정직성을 점검해 주었다. 크리스틴 앤더슨(Christine Anderson)은 매우 친절하게 이 책의 출간을 관리해 주었다. 너그러이 도움을 주고 행정 능력이 뛰어난 바버라 그로브스(Barbara Groves)는 하나님의 영광을 위해 자신의 컴퓨터 공학 능력을 쉽고도 (아마도) 즐겁게 사용하면서 초벌 원고들을 컴퓨터에 옮겨 주었다.

# 서문

고전적 정의에 따르면, 인간은 도구를 만드는 존재 즉 '호모 파베르'(*homo faber*)다. 우리는 자연과 직접 접촉하면서 오직 본능으로만 사는 동물이 아니다. 그리고 우리는 하나님과 직접 대면할 수 있는 몸 없는 천사도 아니다. 우리는 도구와 밀접하게 연관된 피조물이다. 동물과 달리 우리는 음식을 먹기 위해 수저를 사용하고 집을 짓기 위해 망치와 톱을 사용한다. 천사와 달리 우리는 하나님이 우리에게 하시는 말씀을 듣기 위해 성경을 사용하고 하나님의 생명을 얻기 위해 성례전을 사용한다.

또 다른 정의에 따르면 인간은 기도하는 존재 즉 '호모 페카토르'(*homo pecator*)다. 인간에 관한 이 두 정의는 서로 같다. 기도는 기술이자 도구기 때문이다.

그러나 도구가 우리에게 가장 중요한 것은 아니다. 우리에게 가장 중요한 것은 하나님이다. 창조하시고 구속하시고 복을 주시는 하나님 말이다. 하나님은 세상을 창조하셨다. 하나님은 그리스도로 성육신하셨다. 그리고 하나님은 모든 생물과 피조물에 성령을 부어 주셨다.

도구가 우리에게서 나타나는 가장 두드러진 것도 아니다. 우리 자신이 바로 우리의 가장 분명한 특징이다. 우리 몸이 움직이고 우리 마음이 작동하는 방식, 사랑을 하고 생계를 꾸려 가는 모습, 좋은 것과 끔찍한 것에 대한 우리의 느낌, 우리의 기원과 종말에 대해 질문하고, 거기에서 우리가 얻은 대답을 때로는 믿고 때로는 의심하는 모습 말이다.

비록 가장 중요하지도 않고 가장 분명한 특징도 아니지만, 인간으로서 살아가는 데는 도구가 필요하다. 인간 고유의 모든 행동에는 도구가 필요하다. 농사짓고 사랑하고 요리하고 배우고 건물을 짓고 믿고 하는 모든 일에 도구가 필요하다. 어떤 도구는 나무로 만들어졌고 어떤 것은 금속으로, 어떤 것은 언어로 만들어졌다. 언어로 만들어진 도구도 철로 만들어진 도구처럼 분명히 도구다. 기도는 대부분이 언어로 만들어진 도구다.

모든 도구는 꼭 필요하다. 농사에는 쟁기가, 배움에는 책이, 요리에는 냄비가, 믿음에는 기도가 꼭 필요하다. 인간 행위의 근간인 몸, 정신, 영혼은 모두 도구에 의존한다. 우리의 인간 됨을 구성하는 모든 부분이 도구를 사용한다. 여기서 중요한 것은 삶, 인간의 삶이다. 잘 사는 것, 즉 하나님이 활동하시는 이 세계에서 온전하게 사는 것이 관건이다. 인간으로 산다는 것은 도구를 사용함을 의미한다. 동물은 도구 없이도 살 수 있고 천사도 도구 없이 살 수 있지만, 인간에게는 도구가 필요하다. 우리가 어떤 도구를 가지고 있고 그것을 어떻게 사용하느냐에 따라서 우리는 잘 살기도 못 살기도 한다.

### 존재하고 존재가 되어 가기 위한 도구

기도는 도구지만, 한 가지 설명해야 할 것이 있다. 기도는 무엇을 하거나 무엇을 얻기 위한 도구가 아니라, 존재하고(being) 존재가 되어 가기(becoming) 위한 도구다. 외형적인 것을 추구하는 사회에서 우리는 우리에게 무언가를 **하게** 하는 도구들(예를 들어, 카펫을 청소하기 위한 기계)과 무언가를 **얻게** 하는 도구들(예를 들어, 정보를 얻기 위한 컴퓨터)을 끊임없이 만난다. 그리고 우리는 그것을 사용하는 법을 잘 안다. 그러나 우리가 우리의 존재가 되고 또한 인간이 되어 가도록 해 주는 도구는 그렇게 쉽게 구할 수가 없다. 우리는 이 시대를 무엇보다도 기술의 시대로 생각하는 데 익숙하다. 그러나 인간이라는 대륙의 가장 넓은 지역은 기술적으로 불모의 상태다. 오늘날 우리가 자랑하는 기술은 인간의 외적 조건이라는 해안선까지만 사용된다. 따라서 인간 내면의 더 넓은 영역은 기술의 혜택을 받지 못하고 있다. 결과적으로 적절한 도구(기술)가 없기 때문에 사람들 대부분은 내면세계 깊은 곳을 탐험해 들어가지 못한다. 혹 탐험한다 해도 그리 멀리 가지 못한다. 그래서 삶은 바다와 광야 사이의 경계에만 머무르면서, 무엇을 하거나 얻는 매우 한정된 능력만을 발휘하게 된다.

    기도야말로 인간이 되어 가는 모든 과정에서 핵심 기술이다. 기도는 하나님이 자신의 뜻을 이루기 위해서 우리의 몸과 영혼에 사용하시는 도구다. 기도는 우리가 하나님의 일에 동참하기 위해서 사용하는 도구다.[1]

도구를 만들고 도구를 사용하는 우리 인간이 존재(being)라는 깊은 바다로 대담한 발걸음을 내딛고 존재가 되어 감(becoming)이라는 미개척 광야로 여행을 나설 때, 그리고 그러한 모험을 통해서 영원히 거할 집을 짓고 또 그러한 집으로 지어져 갈 때, 우리에게 꼭 필요한 공구 상자는 시편이다. 시편은 믿음을 발휘하는 데 가장 좋은 도구다. 시편은 하나님이 우리 안에서 펼치시는 매우 다양한 작전에 대해 다루고, 다양한 시기에 다양한 방식으로 반항하고 신뢰하며 상처받고 찬송하는 우리 인생의 모든 면에 주의를 기울이는 150개의 정교하게 다듬어진 기도다. 마치 정원사가 채소밭으로 가는 길에 갈퀴와 괭이를 챙기거나 학생이 강의실에 들어가면서 종이와 연필을 들고 가는 것처럼, 믿음의 사람들은 같은 태도와 이유로 시편을 챙긴다. 이것은 실제적인 문제일 뿐이다. 즉, 지금 해야 하는 일을 위해 필요한 도구를 챙기는 것에 지나지 않는다.

   시편에는 두 가지 주목할 사실이 있다. 한 가지는 기도의 실천 면에서 지나친 요구를 한다는 것이다. 다른 한 가지는 기도의 역사에서 시편이 가진 거북한 특성이 두드러진다는 점이다.

## 지나친 요구

지나친 요구란 바로 시편이 꼭 필요하다는 것이다. '꼭 필요하다'는 너무 지나친 말일까? 물론 그것이 구원에 꼭 필요한 것은 아니다. "너희는 그 은혜에 의하여 믿음으로 말미암아 구원을 받았으니 이것은 너희에게서 난 것이 아니요, 하나님의 선물이라. 행위에서 난

것이 아니니 이는 누구든지 자랑하지 못하게 함이라"(엡 2:8-9). 우리의 기도는 그것이 두서없는 말이건 잘 다듬어진 말이건, 이단이건 정통이건, 시편에서 그대로 옮겨 온 것이건 침몰하는 배에서 즉흥적으로 내뱉는 말이건, 하나님 앞에서는 어떤 업적도 될 수 없다. 기도가 기도답기 위해서 시편이 필요한 것도 아니다. 하나님은 우리가 속삭이건 소리를 치건, 말을 하건 노래를 하건, 다 들으신다. 정확한 말과 바른 형식이 하나님이 들으시는 기도의 필요조건은 아니다. 하나님은 이런 일에 까다롭지 않으시다.

그럼에도 시편은 필요하다. 기도하는 삶을 살아온 교회의 역사를 통틀어 볼 때 시편이 필요하다는 데 의견이 일치해 온 것은 매우 인상적이다.[2] 우리가 믿음 생활에 진전이 있기를 바라고, 인간적으로 성숙하기를 바라고, 마음과 뜻과 목숨과 힘을 다해 하나님께 영광 돌리기를 원한다면 시편은 꼭 필요하다. 시편은 그냥 지나칠 수 없다. 시편은 우리가 (어쩌다가 발견한 여기저기 흩어진 감정의 조각들을 모아서 이은 것이 아니라) 포괄적이고 (주님을 기쁘게 할 수 있으리라 여기는 비교적 진지한 말들의 나열이 아니라) 정직한 기도를 드리도록 우리를 훈련하기 위한 하나님의 선물이다.[3]

시편은 기도의 스승(master)이기 때문에 필요하다. 여기서 스승이란 무엇인가?

다른 사람들이 모방하거나 심지어 열심히 따라 하는 사람이 아니라, 그의 존재를 인정하지 않을 수 없는 사람, 어떤 경우에도 존경을 받는 사람이다. 그런 사람은 마치 산과 같다. 지각 변동으로 쌓인 거대한 바위와 흙더미, 지평선, 안개 낀 숲의 오그라든 꽃봉오리, '요란한 폭포'가 있음을 알리는 높이 깎아 지른 절벽을 그려 내는 봉우리, 그 형세, 비탈…. 산은 풍경의 스승이고, 그 속에 자리를 차지하고 있다. 그런 스승은 모방의 대상이 아니다. 사람이 좀 더 자기다워지는 것이 오히려 그를 닮는 길이다.[4]

우리는 이러한 스승의 도제가 되어 도구가 손에 익을 때까지 잘 배우고, 그런 과정을 통해 점점 더 우리 자신다워진다.

우리가 일부러 시편을 외면한다고 해서 기도할 수 없는 것은 아니지만, 그렇게 하는 경우 우리는 열등한 도구를 가지고 시행착오를 거치며 만만치 않은 길을 헤쳐 나가야 한다. 우리가 시편을 저버리고 좀 더 최신형이면서 요구가 적은 기도 학교를 선호한다고 해도 하나님의 은혜는 있을 것이다. 하지만 그리스도 기도의 핵심은 놓치게 될 것이다. 그리스도는 시편으로 기도하셨다. 그리스도인 공동체는 일찍부터 시편으로 기도하는 우리를 통해서, 그리스도가 지금도 계속해서 시편으로 기도하고 계심을 확신했다. "우리는 그리스도 안에서 이 시편의 기도를 드리고, 그리스도는 우리 안에서 그 기도를 드리신다."[5]

## 거북한 특성

거북한 특성이란 시편이 일반적으로 사람들이 기도할 때 자연스럽게 이끌리는 형식에 '들어맞지' 않음을 뜻한다. 기도의 역사에서 볼 때 시편은 괴짜라고 할 수 있다.

　인간의 조건에 관심이 많은 사람 대부분은 기도가 우리 존재의 기본 요소라는 데 동의한다. 기도는 우리 안 깊은 곳에서 우리를 온전하게 해 줄 것 같은 무언가를 찾아서, 혹은 우리에게 구원을 가져다주기를 바라는 무언가를 찾아서, 저 멀리 미지를 향해 나아가게 한다. 인간으로 존재하는 것에는 단지 생존 이상의 의미가 있다. 바로 하나님(혹은 신들이나 '더 큰 능력')이 계시다. 하나님을 찾고, 하나님을 기쁘시게 하고, 하나님의 도움을 받는 일들이 있는 것이다. 우리는 아직 완성되지 않은 존재다. 우리는 충족되기를 갈망하고 충족되기 위해 손을 내밀고 팔을 뻗는다. 이렇게 완성에 도달하고 싶은 욕망을 우리는 기도를 통해 표현한다. 기도는 최고의 것을 찾아다니는 우리의 모습을 명료하게 표현해 준다. 기도는 최고의 존재를 향한 우리의 열망을 소리 내어 말하게 한다. 인간에게 고유한 모든 것, 즉 우리의 열정, 고결함, 창의성은 기도로 표현된다. 또 흥미롭게도 우리의 좋지 못한 모습들, 정욕, 탐욕, 자만심, 속 좁음 같은 것들이 가능하다면 치욕이 아닌 신망을 얻기 위해 기도를 통해서 위장된다. 그러나 어떤 식으로든, 곧 위장이든 실재든 기도는 우리 최상의 모습을 보여 준다.

　그런데 시편은 그렇지 않다. 시편은 이런 넘치는 열망과 충족을 갈망하는 무성한 욕구를 외면한다. 종교적 자아에 탐닉하고 열정적인 갈망을 키우는 기도의 세계에서 시편의 고집 있는 준엄함이 두드러진다. 시편은 순종의 행위며 우리를 부르신 하나님께 대답하는 것이다. 하나님의 말씀이 시편에 기록된 말씀보다 앞선다. 이 시편의 기도들은 하나님을 찾는 것이 아니라 우리를 찾으시는 하나님께 반응하는 것이다. 이 반응들은 놀람의 반응일 때가 많다. 하나님이 우리를 찾으러 오시리라고 누가 생각했겠는가? 그리고 그 기도는 거북할 때도 있다. 왜냐하면 우리가 종교적 열정을 가지고 찾는 것은 대체로, 우리를 찾으러 오신 하나님과는 전혀 상관이 없기 때문이다. 하나님은 오셔서 말씀하신다. 그분의 말씀은 죄 가운데 있는 우리를 붙들고, 절망 가운데 있는 우리를 찾아내고, 은혜로 우리를 사로잡는다. 시편은 우리의 응답이다. 하나님이 우리에게 하시는 말씀을 우리가 늘 좋아하지는 않는다. 그리고 다 이해하지도 못한다. 혼자 내버려 둔다면 우리는 우리가 듣기 좋아하는 말을 해 주는 어떤 신에게 기도하거나, 우리가 그나마 이해하는 하나님의 어떤 부분을 향해서만 기도할 것이다. 그러나 중요한 것은 우리에게 말씀하시는 하나님께 우리가 말한다는 사실이며, 우리에게 말씀하시는 모든 것과 또 우리의 말 가운데(여기서 말한다는 의미는 듣고 응답하는 것을 뭉뚱그린 것이다) 기도라고 불리는 하나님과의 대화에 성숙해지는 일이다. 이 대화는 위대한 예술이다. 시편은 모두 응답하기 위해서 듣고 있으며, 그러한 대화를 할 수 있도록 우리를 훈련한다.

　시편에 에로스적 요소들(인간의 열정, 고결함 그리고 자신에게 없는 것을 찾아다니는 창의성)이 없지는 않다. 그런 것 없이 시편이 인간 고유의 말을 한다는 것은 불가능하다. 그러나 시편은 그것을 부추기지 않는다. 시편은 그러한 욕망과 싸워서 순종으로 바꾸고, 우리에게 자신을 계시하시는 하나님을 믿으며 사는 치열한 삶의 현실에

복종시킨다. 이것이 바로 시편의 이상하면서도 거북한 특성에 대한 설명이다. 시편은 절대자를 갈망하는 거대한 기도의 강물에 바치는 공물이 되기보다는, 그 강물에 잠긴 우리를 돌연 일으켜 세운다. 그리고 미처 연습도 못 한 우리의 대답을 폐 속에 물이 반쯤 찬 상태로 콜록거리면서, 언약의 삶으로 우리를 부르시고 구원을 말씀해 주시는 하나님께 쏟아 내도록 만든다.

　기도 가운데 찾고자 하는 알려지지 않은 하나님께 기도하는 것 그리고 이스라엘과 예수 그리스도를 통해서 계시되었고 인간의 언어로 말씀하시는 알려진 하나님께 기도하는 것에는 차이가 있다. 첫 번째 경우는 종교적 충족을 바라는 우리의 욕구에 탐닉하는 행위고, 두 번째 경우는 순종하는 믿음을 실천하는 행위다. 첫 번째 것이 훨씬 더 재미있지만, 두 번째 것이 훨씬 더 중요하다. 기도의 핵심은 우리 자신을 표현하는 법을 배우는 것이 아니라 하나님께 응답하는 법을 배우는 것이다. 시편은 그 응답하는 방법을 가르쳐 준다.

### 블레셋 사람들이 메운 우물을 다시 파내며

어떻게 그렇게 깊이 이해되었고 넓게 실천되었던 것, 즉 기도의 기술로서의 시편이 우리 시대에 그저 단순한 유물로 전락해 버렸는지 쉽게 이해가 가지 않는다. 시편의 용도를 모르는 사람들의 경우에 이것은 무지의 문제다. 전통을 깨어져야 할 것으로 보고 그 결과 기억 상실증에 걸려 버린 이 시대에, 우리에게는 어떤 자원이 있었는지도 모른 채 그 자원과 단절되는 일이 종종 일어난다. 어떤 사람들의 경우 이는 위축의 문제다. 전문가 시대에 사는 우리는 복잡하고 금방 이해되지 않는 문제를 보면, 이것은 전문가들만 다룰 수 있다고 생각하기 쉽다. 또 어떤 사람들—대부분의 사람이 아니기를 바라지만—의 경우에 이는 그저 게으름의 문제다. 평범한 수준에 머무는 습관을 버리고 스승에게 제자로 들어가 힘겹게 정상을 향해 **오르기**보다는 그저 즉흥적으로 그리고 충동적으로 기도하기가 더 쉽다.

이유야 무엇이든 해결책은 있다. 기도의 삶을 개발하는 최고의 기술로서 시편을 회복하는 일은 가능하다. 오늘날 미국 영성의 많은 부분이 형편없이 미숙하다는 사실을 고려할 때 이 일은 꼭 필요하다. 그리고 그 회복을 위해 내가 할 수 있는 일을 하고 싶다. 게으름의 문제는 나도 어찌할 수 없지만, 무지나 위축의 문제에 대해서는 도움을 줄 수 있고, 바로 그러한 목적으로 이 책을 쓴다. 시편의 용도를 모르는 사람들 그리고 시편을 잘 활용하려면 신학 훈련을 많이 받아야 한다는 생각에 시편을 펼쳐 보지도 못할 정도로 위축된 사람들을 위해, 신앙의 도구라는 시편의 특징을 회복하는 일이 이 책의 목적이다.

나의 작업은 블레셋 사람들이 메워 놓은 우물을 다시 파는 이삭처럼, 땅 위에 흩어진 지저분한 것들을 치우고 파편들을 들것에 날라 옮겨서 한때 탁월하게 사용되었던 것을 다시 한번 사용할 수 있게 만드는 일이다. 내가 여기에 쓴 내용 중에 혁신적인 것은 전혀 없다. 여기에 쓴 내용은 기도에 대한 최근의 작업이 아니라 최고

(oldest)의 작업이다. 믿음의 삶에서 당연하고 손쉽게 얻을 수 있는 기도의 도구로 시편을 소개하려는 것이다. 따라서 이 책에서는 시편을 설명하지 않는다. 우리에게 가장 필요한 것은 주석이 아니다.[6] 나는 일종의 매뉴얼을 제공하고 싶다. 시편이 쉽다는 것은 아니다. 기도는 쉽지 않다. 수 세기 동안 수많은 그리스도인이 시편을 활용했다는 사실은 지금 우리가 시편을 사용하기 위해서 그에 대한 전문적 식견을 가져야 하는 것이 아님을 충분히 증명해 준다. 시편 자체, 즉 우리를 기도로 훈련하는 기도가 숙련에 이르는 수단이다. 쇠지레를 사용하기 전에 먼저 그것을 이해해야 하는 것은 아니다. 사용하면서 이해하게 된다.

그리스도인들이 시편으로 기도하는 방식은 간단하다. 그냥 시 하나하나를 가지고 정기적으로 시편으로 기도하면 된다. 장 칼뱅은 시편이 "공통된 기도 형식을 교회에 전달하기 위한…성령의 고안이다"[7]라고 쓰면서 기도하는 교회가 가진 시편에 대한 일치된 의견을 표현했다. 예배 의식에 관한 나름의 전통을 가지고 있는 교파(로마가톨릭, 동방정교회, 루터교, 감독교회)에 속한 사람들은 기도서가 있어서 한 달을 주기로 날마다 시편으로 기도하도록 안내받을 수 있다. 그 외의 사람들은 그냥 손쉽게 시편을 30일분 혹은 60일분으로 나누어서 순서에 따라 한 달, 혹은 두 달을 주기로 시편 전체를 기도해 나가면 된다. 그렇다. 시편을 펼쳐서 그것으로 기도하면 된다. 그렇게 순서대로, 규칙적으로, 신실하게 평생을 기도하면 된다. 거의 모든 시기에 대다수 그리스도인의 기도는 바로 이러한 방식으로 성숙했다. 특별할 것 없다. 그냥 하면 된다. 기도는 이렇듯 꾸준히 하는 것이다. (성 베네딕투스가 지도했듯) 마음의 움직임이 입술의 움직임과 조화를 이루게 하면 된다.[8]

1장

## 기도의 텍스트

내가 주께 범죄하지 아니하려 하여
주의 말씀을 내 마음에 두었나이다.
시편 119:11

너희가 내 안에 거하고 내 말이 너희 안에 거하면
무엇이든지 원하는 대로 구하라. 그리하면 이루리라.
예수님, 요한복음 15:7

모든 것은 우리가 어떻게 읽는가,
어떻게 본문의 의미라는 마법의 원 안으로 들어가는가에 달렸다.
즉, 우리가 어떻게 말씀에 슬며시 들어가서 본문이라는 조직이
우리 주위를 둘러싸서 짜이도록 할 것인가에 달렸다.

마이클 피시베인(Michael Fishbane)

텍스트는 직물처럼 조직이 있다. 단어들이 짜이면 의미라는 직물이 되는데, 그것은 각각 독특한 **감촉**을 갖는다. 직물을 손으로 만져 보면 그것이 어떤 용도로 사용해야 좋을지를 알 수 있다. 이를테면 실크는 머리를 장식할 리본을 만드는 데, 데님은 멜빵바지용으로, 울은 따뜻한 스웨터용으로 적당하다. 본문의 단어들을 눈으로 잘 살피고 다시 혀와 입으로 소리 내어 읽어 보면, 우리는 그것이 어떤 용도로 쓰인 것인지 또 그 말씀을 어떻게 이해해야 하는지 느낌을 파악할 수 있다. 본문의 느낌을 파악하는 일은 그 의미를 이해하기 전에 선행되어야 한다. 단어들을 **이해하는** 방법을 알지 못한다면, 우리는 그것을 잘못 이해할지도 모르기 때문이다. 발화된 단어들을 귀로 들을 때, 우리는 그 어조와 리듬을 통해 텍스트의 느낌을 쉽게 파악할 수 있다. 같은 말이라도 거칠고 고르지 못한 목소리로 말하는 것과 달콤하고 나른한 목소리로 말하는 것은 그 느낌이 전혀 다르다. 단조로운 목소리로 말하는 경우도 또 다르다. 각 경우 단어의 사전적 의미는 모두 같다. 그렇지만 그것이 의도해서 받아들여지는 의미는 서로 다르다. 또 우리가 기록된 단어들을 읽을 때는 목소리를 들을 수는 없지만, 그 대신 텍스트라는 직물 안에서 단어들이 어떻게 짜여 있는지를 관찰할 수 있다. 우리는 텍스트의 조직을 식별함으로써, 텍스트를 이해하는 방법을 안다.

시편은 시인 동시에 기도다. 이것이 바로 이 텍스트의 조직이다.

### 시이며 기도인 시편

시는 개인적인 열심으로 사용되는 언어다. 그것은 많은 사람이 생각하듯 장식적인 화술이 아니다. 혼을 빼는 여러 볼거리로 흐려진 우리 눈과 쓸데없는 이야기들로 둔해진 귀가 쉽게 놓치는 우리 주위의 것들 그리고 우리 내면의 것들에 대해 시인은 이야기해 준다. 시인이 쓰는 어휘들은 우리를 현실의 심연으로 끌어내린다. 그들은 삶이란 이러저러하다고 보고하는 것이 아니라 우리를 삶의 한가운데로 이끌어 가면서 이야기한다. 시는 급소를 찌른다. 그것은 포장의 언어가 아니라, 내장의 언어. 그것은 뿌리 언어다. 시는 우리가 알지 못했던 것을 말해 주기보다는, 숨겨졌거나 잊었거나 무시된 것 혹은 은폐된 것들을 인식하게 해 준다.[1] 시편 본문은 대부분 이런 유의 언어로 되어 있다. 이를 안다면, 우리는 시편에서 먼저 하나님에 관한 개념이나 도덕적 지침을 찾으려고 하지는 않을 것이다. 그 대신, 자신을 명확하게 드러내신 하나님 앞에서 한 인간으로 존재한다는 것이 무엇인지 발견하기를 기대하게 될 것이다.

**기도**는 하나님과 개인적으로 교제하는 데 사용되는 언어다. 그것은 우리가 하나님 앞에서 느끼고 원하는 바를 혹은 그분에 대한 우리의 반응을 표현한다. 하나님은 우리에게 말씀하신다. 그리고 그에 대한 우리의 응답이 바로 기도다. 그 응답이 언제나 분명하게 말로 표현되지는 않는다. 침묵, 탄식, 신음 같은 것들도 반응이 될 수 있다. 또 우리의 응답이 언제나 긍정적이지는 않다. 분노, 회의, 저주 같은 것들도 반응이 될 수 있다. 그러나 변하지 않는 사실은 어둠 속에서나 빛 가운데서나, 우리가 신뢰할 때나 절망할 때나 하나님이 늘 간섭하고 계신다는 것이다. 이 사실에 익숙해지기는 쉽지 않다. 우리는 하나님에 관해 이야기하는 데는 익숙하지만, 그분께 이야기하는 데는 그렇지 못하다. 우리는 하나님에 대해 토론하기를 매우 좋아한다. 그러나 시편은 이러한 토론을 거부한다. 시편은 우리에게 하나님에 대한 가르침을 주기 위해서가 아니라 그분께 반응하도록 우리를 훈련하기 위해 존재한다. 시편으로 기도할 때 비로소 우리는 시편을 배운다.

시이자 기도인 이 직물은, 우리가 이 텍스트를 다룰 때 느끼는 흥분과 어려움 모두를 설명해 준다. 시는 우리에게 실제 인간성을 다루어 내도록 요구한다. 시어들은 산문과 가식의 표면 아래 깊은 곳을 향해 곧바로 들어간다. 그래서 우리는 적당한 거리를 두고 나누는 담화에 사용되는 차가운 언어나 산문을 더 편안하게 느낀다. 그러나 기도는 우리에게 하나님을 직면하도록 요구한다. 이 하나님은 적어도 우리 삶을 완전히 뒤바꾸고자 굳게 작정하신 분이다. 그러니 차라리 종교적인 토론을 하는 편이 나을지도 모른다.

### 토양과 기후

시편의 독특한 조직을 설명해 주는 특정 환경들(conditions)이 있다.

이런 환경들이 억지로 우리의 주의를 끌지는 않는다. 환경은 결코 그렇게 하지 않는다. 우리가 자라 온 환경인 기후, 지형, 문화 등은 우리가 어떤 사람인지 그리고 어떤 사람이 될지를 결정하지만, 우리는 그것들에 너무 익숙한 나머지 주의를 기울이지 않는다. 이렇듯 환경은 그저 조용히 존재한다. 이처럼 우리는 시편을 존재하게 한 결정적 환경에 대해서는 알지 못하면서도 시편에 관한 넓은 정보성 지식을 가질 수 있다. 그러나 시편 안에서 눈부시게 활짝 핀 꽃들은, 우리가 최선을 다해 그 꽃이 피어난 토양과 기후라는 환경으로 들어가지 않는다면 우리 안에서 성숙할 수 없다. 시편의 기도가 쓰인 환경들을 끌어안지 않으면 시편은 우리 안에서 기도가 될 수 없다. 시편은 그 환경에서 따로 떼어 낼 수 없다. 우리는 시편의 환경을 우리 기질에 맞는 요소로 대체할 수 없다. 시편은 기도 훈련의 대표적인 본문이기 때문에 그 '토양과 기후' 속에 깊이 잠기는 것이 매우 중요하다. 우리의 목적은 정원을 가꾸고자 함이지 겨우 꽃 몇 송이를 꺾고자 함이 아니다. 시편에는 세 가지 결정적 환경이 있다. 그것들은 계시된 신학이며, 정경의 일부고, 실제로 드려진 예배라는 점이다.

### 신학: 한 분이신 하나님

하나님(*theos*)은 시편을 설명하는 데 가장 중요한 단 하나의 환경이다. 이스라엘 안에서 그리고 그리스도 안에서 자신을 나타내신 이 하나님이 계시지 않다면 시편은 존재할 수 없다. 그분은 자신을 알리신다. 그분이 자신을 알리시기 때문에 그분은 우리가 아는 하나님이 되신다. 그러므로 하나님에 관해 생각할 때 우리는 지성을 사용해야 한다. 게으르게(혹은 걱정하며) 추측만 하지 말고 말이다. 하나님을 이해하기 위해 그리고 그분이 어떻게 일하시는지를 이해하기 위해 믿음의 사람들이 지성을 사용하는 것, 이것이 바로 신학이다.

심리학이 스며든 시대나 사람들 가운데서는, 무엇을 다룰 때든지 신학을 우위에 놓기란 어려운 일이며, 종교적 텍스트를 다룰 때도 예외는 아니다. 인간적인 경험들로 가득 채워져 있으며 영혼(psyche)의 에너지로 폭발할 것 같은 시편―장 칼뱅은 시편을 "영혼 구석구석을 파헤치는 해부학"이라고 불렀다[2]―의 경우, 심리학을 우선으로 놓지 않고서는 그것을 연구하는 일이 사실상 불가능하다. 시편 기자들은 그 무엇에도 기가 꺾이지 않고, 경험의 전 스펙트럼에서 만나는 모든 것을 붙잡고 열심히 씨름하며, 의미를 탐색하는 데는 한계를 넘어선다. 우리는 이 영혼들을 깊이 있고 상세하게 이해하기를 원한다. 절실하고 진솔하게 들리는 인간의 조건에 관한 가공하지 않은 자료가 여기 있다. 마치 이것은 호기심 많고 단련된 지성을 향해서 면밀히 연구해 보라는 초대인 듯하다. 사실 심리학적으로 훈련된 사람들보다 이런 연구에 더 잘 준비된 이들이 있을까? 게다가 어쨌거나 기도란 대개 심리학적이지 않던가? 우리는 의식하지 못하는 동경과 규정되지 않은 욕망으로 가득한 존재며, 더 일깨우고 밝혀야 할 끝없이 넓은 내면세계를 지닌 복잡다단한 인간이다. 어떤 내용이든 모든 기도는 이러한 내면의 것들을 드러낸다. 이러한 기도를 우리의 꿈, 공포증, 연구 및 분석에 대한 테스트 점수와 함께 내놓고자 하는 심리학의 제안을 누가 거부할 수 있을까? 그러한 작업이 끝나고 나면 우리 자신에 대해 정말 많이 이해할 수 있지 않을까?

그러나 시편은 자신에 대해 이해하고자 하는 사람들이 드린 기도가 아니다. 시편은 인생의 의미를 추구한 사람들이 남긴 기록도 아니다. 그것은, 그들 자신에게 정말 중요한 것이 하나님이라는 사실을 이해했던 사람들이 드린 기도다. 그들의 느낌이 아니라 하나님이 그 중심에 있었다. 그들의 영혼이 아니라 하나님이 주제가 되었다. 인생의 의미가 아니라 하나님이 결정적으로 중요했다. 그렇다고 해서 감정, 영혼, 의미가 논의에서 배제되지는 않는다. 그것들은 매우 뚜렷하게 나타난다. 그러나 그것이 이 기도들의 이유가 되지는 않았다. 인간의 경험들이 기도를 촉발할 수는 있다. 그러나 그것들은 기도의 환경이 아니다.

만약 우리가 내면세계를 개발하는 방법을 찾고자 시편을 대한다면 잘못 생각한 것이다. 그럴 심산이라면 칼릴 지브란(Kahlil Gibran)을 읽는 편이 낫다. 또 만약 어떤 절정 체험을 하고자 시편을 대한다면 그것 또한 잘못된 방법이다. 시편 기자들은 인간의 잠재력에는 관심이 없었다. 그들은 **하나님을** 열망했다. 순종을 끌어내시고, 의지를 변화시키시며, 죄를 없이하시고, 찬양을 이끌어 내시는 하나님을 말이다.

시편은, 말씀하시는 하나님께 귀 기울이려 하고 그 말씀이 앞으로 듣게 될 말 중 가장 중요하다는 사실을 깨달은 사람들에게서 나왔다. 그들은 반응하기로 마음을 정했다. 그들은 응답했다. 그들이 하나님께 받은 말씀은 어떤 인간의 말보다 우월하다. 인간의 지혜, 인간의 충고, 인간의 담론, 인간의 질문보다 하나님의 말씀이 우위에 있다. 시편 기자들은 그들 자신을 이해하거나 그들을 둘러싼 땅과 하늘에서 발견한 것들을 연구함으로써가 아니라, 말씀 속에서 자신을 계시하신 하나님께 기도함으로써 역사에 이름을 남겼다. 그리스, 앗시리아, 바빌론, 이집트 등 주변 나라 사람들은 땅 위에 있는 것들을 탐사하고, 별자리를 그려 보고, 성운의 길을 추적하고, 힘을 사용하는 법을 터득하고, 진리에 대한 물음에 답을 추구하고, 숫자 연산법을 탐구하고자 하는 지적 열정에 사로잡혀 있었다. 이러한 모든 물질적이고 정신적인 활동들은 놀랄 만큼 위대한 성과를 이루었다. 한편 히브리인들은 기도에 열정을 쏟았다. 그들의 지성과 열정은 하나님 앞에 놓여 있었다. 그들은 하나님이 그들의 역사에 간섭하신다는 사실을 알았다. 그들은 자신이 하나님께 부름받은 존재임을 알았다. 그들은 그분의 임재 앞에서 반응했고 그 부르심에 응답했으며 기도했다.

이 기도들의 환경은 단순히 최고의 존재에 대한 믿음이 아니며, 가능하다면 재앙을 피하고 행운을 바라면서 인생의 길을 걷고자 필요한 신에 대한 믿음도 아니다. 결정적인 환경은, 이미 알려진 방법으로 말씀하시고 행동하시는 하나님이다. 하나님에 대한 **교리**(doctrine)가 환경이지, 그분을 믿는 **믿음**(belief)이 환경은 아니다.

하나님을 이해하기란 불가능하다. 단지 '하나님'이라는 이름을 말하기만 해도 신비 속으로 던져진다. 그러나 그렇다고 해서 그 무엇도 식별할 수 없는 어둠 속에 던져지는 것은 아니다. 적어도 히브리인들과 준비를 갖추어 기도하는 그리스도인들에게는 그렇지 않다. 그들은 하나님에 관해 많이 알지는 못했지만, 몇 가지는 분명하게 알았다. 그들은 하늘을 향해 탐욕스럽게 소원을 빌지 않았으며,[3] 그 대신 하나님에 대한 **교리**를 가지고 있었다. 그중 어떤 것은 사실이다. 이를테면 아담의 창조, 아브라함과 맺으신 언약, 출애굽의 구원 사건, 모세에게 주신 십계명 같은 것들이다. 그러나 어떤 것들은 사실이 아니다. 변덕스러운 하나님, 파괴적인 하나님, 무관심한 하나님, 교묘히 조종할 수 있는 하나님 같은 것은 사실이 아니다.

    그들은 계시의 의미를 찾아내고, 면밀히 관찰하며, 확실히 이해하고, 머리를 쓰는 일에, 그렇게 해서 반응하고 응답하는 데 수고를 아끼지 않았다. 역사는 대개 퍼즐과 같았다. 그들의 영혼은 대부분 혼란스러웠다. 그러나 그들은 빛의 바다에 무릎을 꿇었다. 그들에게 하나님을 계시해 주며 그들이 믿음으로 살도록 담대하게 결단하게 하는 빛나는 하나의 단어 혹은 두 단어, 때로는 몇 개의 문장이 바로 그것이었다. 시편은 개인적 계시에 대한 개인의 응답이다. 그 기도의 환경은 영혼의 일시적 상태가 아니라 하나님의 말씀이었다.

### 정경: 66권의 책

우리가 만나는 시편은 성경에 속한다. 시편은 처음과 끝이 분명한 150편의 기도로 이루어진 한 권의 책이라는 고유한 정체성을 가진다. 동시에 시편은 성경이라는 더 큰 책의 중요한 부분이기도 하다. 이러한 정황에서만 우리는 시편을 이해하는 방법을 찾을 수 있다. 그것은 독자적으로 우리에게 다가오지 않는다. 또 그것은 고유한 권리를 가지고 우리에게 나타나지도 않는다. 시편은 해변에 간혹 굴러다니는 병 속에 들어 있는 기도 쪽지가 아니다. 그런 병은 어느 나라에서 왔는지도 알 수 없다. 그러나 시편의 경우 우리는 그것이 어느 나라에서 왔는지 아주 잘 알고 있으며 그 기도를 드리고 그것을 글로 남긴 저자들에 대해서도 제법 많은 내용을 안다. 우리는 그들이 어떤 경험을 했고 무엇을 소망했는지를 안다. 그들이 어떤 전투에서 싸웠으며, 어떻게 결혼 관계를 맺었는지, 그들의 자손들이 누구인지, 무슨 도시에서 살았으며, 무슨 산에 올랐는지, 무슨 강을 건넜고 무슨 우물에서 물을 길어 마셨는지도 안다. 그들의 죄를 사하는 제사를 드릴 때 제사장들이 어떤 옷을 입었는지도 우리는 안다. 우리는 선지자들이 그들에게 어떤 말씀을 선포했는지 안다. 또 그들의 이름은 물론 그들을 대적한 자들의 이름도 안다. 이 시편들은 멜기세덱 같지 않다. "아버지도 없고 어머니도 없고 족보도 없[는]"(히 7:3) 멜기세덱 같지 않다는 의미다. 시편에게는 어머니인 모세오경과 아버지인 선지서가 있다. 그리고 그 족보는 울창하게 가지를 뻗은 나무처럼 풍성하다.

    정경(the canon, 기독교 신앙에 권위 있는 것으로 인정되는 신구약 66권)은 목장과 같다. 이 목장 울타리는 공통의 영감을 받아 공통의 목적을 가지고 쓰인 모든 문학적 창작물을 둘러싸고 있다(공통된 영감이란 성령이며 공통된 목적이란 바로 구원이다). 이 중 많은 창작물은 서로 닮은 점이 거의 없거나 아예 없기도 하다. 어떤 것들은 우리 마음에 전혀 들지 않는다. 또 어떤 것들은 우리가 좋아해서 친밀한 우정을 키우기도 한다. 그러나 어떤 것을 성경으로 채택할지를 정하는 일에, 우리의 취향은 결정적 요인이 될 수 없다. 모든 창작물은 어떤 식으로든지 다른 것들과 관련을 맺고 있으며 각각은 고유한 방식으로 그 공통 목적에 기여한다. 각 작품은 필수적이지만, 어느 것도 독자적으로는 완전하지 않다. 각 작품은 다른 작품들에 비추어 사용되어야(해석되어야) 한다. 즐거운 기분을 만끽해 보겠다고 다른 작품들은 놓아둔 채로 한 놈만 골라잡아 울타리 밖으로 꺼내어 멋지게 초원을 달려 석양 속으로 사라질 수는 없다. 이 목장 울타리에는 문이 없기 때문이다.

다시 말해서 시편은 그것이 무언가가 되기 이전에 다른 무엇에 속한 일부다. 그것은 창세기, 여호수아, 에스더의 일부며 마태복음, 로마서 그리고 요한계시록의 일부다. 시편의 정체성은 그 자체로 성립될 수 없기 때문에 그 기도는 하나님이 우리를 구원하시기 위해 사용하신 다른 65개의 '작품들'의 정황에서 따로 떼어 드려질 수 없다.

우리가 말을 배울 때, 우리 안의 생물학적 유전자가 작용하고 집안의 관례와 전통, 사회적 기대, 문화적 전제가 영향을 미치기 마련이다. 우리는 앞서간 사람들이 쓰던 단어를 쓰고, 각 단어는 수 세대에 걸친 경험을 담고 있다. 만일 우리가 자기만의 독창적인 방법으로 의사를 표현한다면(백일 무렵의 아기가 종종 그러하듯이) 아무도 우리를 이해하지 못할 것이다.

마찬가지로, 시편은 유전적·문화적 유산과 예배와 신앙 전통의 숨결을 품고 있으며 동시에 그것에 둘러싸여 있다. 정경이라는 시편의 환경은 우리가 신앙생활에서 우리 자신의 영적 특성에 완전히 부합하는 독창적인 기도를 만들어 내지 않아도 됨을 의미한다. 기도는 독창적인 언어가 아니다. 그것은 공인된 언어다.

은혜와 심판, 창조와 혼돈, 죄와 구원, 반역과 순종의 경험이 천 년 동안 축적되어 시편이라는 기도가 되었다. 시편으로 기도하고 그에 따라 기도 훈련을 할 때 우리는 수 세기에 걸쳐 이어 온 하나님의 백성이 되는 경험으로 들어간다. 우리는 이것을 기대하지 않았다. 우리는 침대 머리맡에 두고 쓸 수 있는 작은 기도책을 원했지, 역대기의 족보책을 찾지는 않았다. 그러나 어쩔 수 없다. 만일 이 기도의 사람들과 교제하며 이 기도 훈련에 우리 삶을 드리기 원한다면, 우리는 크고 조금은 소란스러운 더 나아가 종종 말썽을 피우기도 하는 그들의 가족과 연합해야 할 것이다. 시편 기자들이 정경 속에 있는 그들의 동료들을 저버린 채로 우리에게 각자의 구미에 맞게 특수 제작된 독백을 가르칠 리는 없기 때문이다.

### 예배: 두세 사람이 모인 곳에는

그들의 기도가 곧 시편이 된 기도의 사람들은 예배 공동체로 함께 모여 기도했다. 모든 시편의 기도는 공동체로 함께 드려진다. 사람들은 함께 모여 하나님 앞에서 귀를 기울이고 같은 자세와 몸짓, 말로 함께하며 자신과 지체들을 여호와께 내어 드렸다. 기도는 개인적인 활동이 아니라, 온 가족의 집회다.

하나님의 임재 앞에서 "혼자"는 선하지 않다. 아담에게는 하와가 필요하다. 우리는 친구를 불러야 한다. "두세 사람이 내 이름으로 모인 곳에는 나도 그들 중에 있느니라"(마 18:20). 우리 혼자서는 우리 자신이 아니다. 독방에 갇히는 것은 극도의 형벌이다. 혼자서만 드리는 기도는 극도로 이기적이다. 기도가 그 자체로 선하지는 않다. 우리는 기도하면서도 마음 깊은 곳에서 은근슬쩍 자기중심적인 계산을 할 수도 있다. 또 기도는 교만한 겉치레가 될 수도 있다. 예수님이 무차별적으로 아무 기도나 칭찬하지는 않으셨다. 그분은 어떤 사람들의 기도에 대해서는 호되게 꾸짖으셨다.

혼자 있을 때 기도가 나오는 경우가 많다. 우리의 깊은 내면에는 '말로 표현할 수 없는 깊은 한숨'이 있다. 우리는 교회 회중을 찾거나 교회에 가지 않더라도 우리의 죄책감, 상처, 순간의 유쾌함에 대해 기도한다. 그러나 이 모든 기도가 온전한 성숙에 이르려면 기도의 공동체 안에 통합되어야 한다.

또 기도는 고독한 장소에서 지속된다. 믿지 않는 사람들 틈에서 살아가는 우리는 밤에 잠자리에 들기 전 조용하고 은밀하게 기도한다. "지각의 문"(doors of perception)[4]을 청소하기 위해 세상에서 유유히 물러나는 것이다. 타인들이 우리 곁에 늘 함께 머무를 수는 없으며 또 그래서도 안 된다. 우리와 늘 함께하시는 분은 하나님이시다.

그러나 정해진 시간과 장소에서 예배로 모이는 신자 공동체는 기도의 **토대**가 된다. 모든 시편은 그러한 공동체에서 기도로 드려

졌다. 이 점은 겉으로만 보아서는 확실하지 않다. 사실 우리는 시편 기자들에 대해 생각할 때 비탈진 풀밭에 앉아 있는 목동이나 험한 길을 가는 순례자를 떠올리는 경향이 있다. 그러나 이러한 시편의 공동체성은 성실한 연구로 밝혀진 확실한 결과이며, 이스라엘과 교회의 관례를 보아도 알 수 있다. 기도하는 회중 안에서 기도할 때 우리는 시편이 만들어지고 기도로 드려진 이 환경을 거의 충족하게 된다.

어떤 집단은 우리 존재를 축소한다. 그 안에서 우리는 격이 낮아지고 평균 이하로 뭉뚱그려져서, 실제 우리 자신보다 못한 존재가 된다. 험담하기를 좋아하거나 남을 깎아 내림으로써 경쟁적으로 자신을 드러내는 사람들과 함께 있으면 이런 일이 생긴다. 우리가 그저 구경꾼이 되어 군중 속에 묻혀 버리는 경우도 그렇다.

반면 어떤 집단은 우리를 들뜨게 하고, 띄워 주고, 에너지와 목적의식을 불어넣어서 혼자 있을 때보다 더 나은 존재가 되도록 한다. 함께 운동하면서 도움을 주고받으며 땀 흘릴 때, 산에 오를 때나 사업에서 멋지게 동역할 때가 이런 경우다. 서로 기꺼이 받아들이며 기쁠 때 같이 웃고 슬플 때 같이 울 수 있는 가족과 함께할 때도 그렇다. 하나님을 예배하는 회중 속에서 기도하는 것도 그런 경우다.

우리가 날 때부터 이런 일에 익숙하지는 않다. 훈련이 필요하다. 처음에는 불편하고 어색한 느낌과 지루함이 더 심할 것이다. 그러나 하나님의 뜻은 우리가 활기차게 은혜를 나누고 사랑이라는 놀라운 역학 관계 속에서 살아가는 것이다. 그리고 친구도 원수도 없다면 은혜도 사랑도 불가능하다. 기도는 우리가 하나님 앞에서 이들 공동체와 살아가는 삶을 개발하는 최고의 수단이다. 그리고 시편은 이 점에서 우리를 훈련한다.

시편은 지금까지 기도해 왔으며 여전히 기도하고 있는 타인들과 함께 기도하도록 우리를 훈련한다. 다른 사람들과 눈높이를 맞추어 우리 무릎을 꿇고, 두 손을 들어 올린 그들과 어울려 우리 두 손을 함께 들며, 울고 웃는 그들의 목소리에 우리 목소리를 맞추어 함께 슬퍼하고 찬양하도록 말이다. 기도의 첫째 되는 효용은 우리 자신을 표현하는 것이 아니라 우리 자신이 되어 가는 것이다. 그리고 우리는 혼자서는 그 일을 할 수 없다. 하나님의 사전에는 '외아들'이란 없다. 그러므로 다른 사람들과 '조화를 이루어' 기도하는 일은, 시편을 만든 기본 환경인 동시에 시편으로 기도하는 그리고 기도하는 법을 배우는 환경도 된다.

### 못마땅한 환경들

지금까지 살펴본 환경들 그 무엇도 우리가 기도 생활을 영위하려 할 때 선호하는 방식과 잘 맞지 않는다. 이것들은 우리의 종교 취향에 맞지 않으며 특히 미국인의 방식과는 더 많이 부딪힌다. 우리는 기도할 때 하나님을 배경 음악으로 삼고서 우리 자신의 깊은 영적 역량을 탐색하려 한다. 또 지루하고 복잡한 말씀은 머리가 아프니 제쳐 두고, 몇몇 고상한 진리를 묵상함으로써 기도하려 한다. 또 다른 사람들과 같이 있는 것이 귀찮아 혼자 떨어져서 하나님을 통째로 독점하고, 고상하지 못한 대중을 내려다보며 점잔을 부리는 맛도 살짝 즐기고 싶을 것이다. 그러나 우리에게 기도를 가르치는 이 텍스트에는 환경들이 따르며, 이 환경들은 우리가 홀로 떨어져 있는 것을 허락하지 않는다. 기도 훈련의 수단으로 시편을 선택한 우리는 이 환경들을 계속 다루게 될 것이다.

2장

---

## 기도의 길

무릇 의인들의 길은 여호와께서 인정하시나
악인들의 길은 망하리로다.
시편 1:6

생명으로 인도하는 문은 좁고 길이 협착하여 찾는 자가 적음이라.
예수님, 마태복음 7:14

당신이 있지 않은 곳으로부터 나와
당신이 있는 곳에 도달하기 위해서는
황홀경이 없는 길을 따라가야만 한다.

엘리엇(T. S. Eliot)

우리에게 기도를 가르쳐 주는 이 본문은 기도로 시작하지 않는다. 우리는 아직 기도할 준비가 되어 있지 않다. 우리는 온통 자기 안에 갇혀 있고, 세상은 우리를 뒤흔들고 있다. 우리에게는 일하고, 말하고, 이웃과 관계 맺고, 하나님에 대해 생각하는 나름대로 익숙한 방식이 있기 마련이다. 이러한 나름의 방식 때문에 기도할 자격이 박탈되지는 않지만, 그렇다고 해서 그것이 크게 도움이 되지도 않는다.

기도 없는 세상은 재촉하고 강요하며 요구하는 세상이다. 우리 안팎의 목소리들은 끊임없이 우리를 괴롭힌다—이 사진도 보고, 이 머리기사도 읽고, 이 호소도 듣고, 이 죄책감도 느끼고, 이 멋진 물건도 만져 보라고 말이다. 이처럼 고도로 자극적인 세계에서 상당한 과도기를 거치지 않고 조용히 기도에 집중하기란 무척이나 힘들다.

또한 기도 없는 세상은 우리를 협박하는 세상이다. 우리는 매일 아침잠에서 깰 때마다 허풍으로 소란스럽고, 폭력이 난무하고, 돈 좀 있다며 거들먹거리는 세상을 만난다. 정부와 군대, 백만장자 앞에서 도대체 기도가 무슨 소용이란 말인가? 국가 지도층과 재계 실력자들이 확고한 권력을 틀어쥔 요지부동한 상황에서 무슨 동기를 끄집어내어 기도할 수 있단 말인가?

우리는 기도 가운데 근심의 세계에서 벗어나 경이의 세계로 들어가려 한다. 자아 중심의 세계에서 벗어나 하나님 중심의 세계로 들어가기로 결단한다. 우리는 문제투성이 세계에서 벗어나 신비의 세계로 들어갈 것이다. 그러나 그 과정은 결코 쉽지 않다. 우리는 근심과 자아와 문제에는 익숙하지만, 경이와 하나님과 신비에는 익숙지 않다.

## 기도를 준비하는 단계(pre-prayer)

시편 1편과 2편은 길을 닦아 준다. 우리가 기도할 채비를 갖추게 한다. 시편은 편집된 책이다. 여기 나오는 모든 기도는 이스라엘 역사의 한 시점에 수집하여 정리한 것들인데 1편과 2편은 시편의 기도들로 들어가는 입구, 즉 기도로 가는 길옆에 나란히 선 기둥들이라 할 수 있다. 우리는 기도의 세계로 아무렇게나 덥석 들어가는 것이 아니라, 널찍한 현관을 지나서 기도의 실재들에 다가갈 공간과 수단을 제공해 주는 길로 정중하게 인도받는다. 길은 시편 1편과 2편에서 의미심장한 단어다.

시편 1편과 2편은 짝을 이루어 늘 산만하고 위협 많은 이 기도 없는 세상에서 나와, 주의를 집중하고 경배하도록 하는 기도의 세계를 향해 가는 길로 인도한다. 기도는 단순히 올바른 단어를 올바른 하나님께 말하는 그런 문제만은 아니기 때문이다. 기도는 우리의 **존재**, 우리의 존재 **방식**과 연관된다.

시편 1편과 2편은 우리를 기도하기에 합당하도록 예비해 주는 기도의 준비 단계다. 우리에게는 이런 도움이 꼭 필요하다. 우리는 하나님을 갈망하고 갈급해 하지만, 두려움과 정욕 그리고 문화가 우리에게 남긴 흔적 때문에 우리의 고상한 취향은 형편없게 되어 버렸다. 외부에서 도움을 받지 않으면 우리의 기도는 기도 없는 세계가 투영된 언어적, 정서적 표현에 불과할 것이다. "지식은 그 지식의 대상에 부합하는 기관이 필요하다."[1] 우리에게는 싼 물건을 찾아내고, 고급 외제 차를 몰고, 『허클베리 핀의 모험』을 읽기에 제격인 기관들이 잘 발달해 있다. 하지만 하나님을 아는 데 필요한 '기관들'은 잘 훈련되어 있지 않다. 기도자 자신의 준비가 기도의 행위보다 반드시 선행되어야 한다. 이 점과 관련된 옛 금언이 있다. "받고자 하는 것이 무엇이든 받는 사람이 그것을 받는 방식에 따라 받게 된다."[2] 시편 1편과 2편은 우리를 기도의 길(방식)에 서게 한다. 시편 1편은 위협에서 벗어나 예배로 가는 길이다.

첫 번째 시편의 첫 단어인 **"복 있는"**이란 말은 '행복한, 운 좋은, 신성한 운이 따르는'과 같은 어조를 띤다. 두 번째 시편은 똑같은 단어를 마지막에 사용한다. 예수님은 이 **"복 있는"**['소유한'(seized)이란 표현이 오히려 그것에 가깝다]이라는 말을 그분의 가장 유명한 설교에서 첫 단어로 사용하셨고, 그러고 나서 8행 시구로 발전시키셨다 (마 5:3-10).

'**복 있는**'이란 말은 일종의 지향성 안테나, 즉 신호를 잡아내는 태도다. 그것이 없다면 신호를 놓칠 것이다. 우리는 기도할 채비를 한다. 우리는 어디로 들어가는가? 우리는 그분의 길 변두리에 있다.

이제 막 그 깊은 내부로 들어가려는 찰나다. 이 미지의 세계 앞에서 적절한 태도는 무엇일까? 불안은 우리를 신중하게 만들어서 모험이 필요할 때에도 위험을 무릅쓰지 못하게 만들 것이다. 금욕적인 충실함은 우리 발을 무겁게 만들어서 춤을 춰야 한다면 형편없는 춤꾼이 되게 할 것이다. '**복 있는**'이란 말은 기대를 불러일으켜서 선한 것을 더 많이 받아들일 수 있게 해 준다. 우리는 '**복 있는**' 것이 무엇인지 혹은 곤경이 무엇인지 알지 못한다 — 우리가 아직 거기 있지 않은데 어떻게 알 수 있겠는가? 그러나 우리는 다른 누구도 아닌 좀 더 진정한 우리 자신이 될 그 길에 들어가리라는 사실을 감지한다. 복 있는 존재에 대한 기대는 우리가 복 있는 존재가 될 수 있도록 변화시킨다.

## 주의 집중: 시편 1편

시편 1편에는 두 가지가 두드러지게 나타난다. 그것은 행동과 이미지다. 율법을 묵상하는 것은 행동이고, 옮겨 심긴 나무는 이미지다.

   토라(율법)는 인간 조건의 핵심을 건드린 하나님의 말씀이다. '토라'(*torah*)라는 명사는, 말하자면 창을 던져 과녁을 맞히는 경우처럼 무언가를 던진다는 뜻의 '야라'(*yarab*)라는 동사에서 나왔다. 과녁을 꿰뚫는 단어가 바로 '토라'다. 일상 대화에서 말은 한 사람의 마음에서 다른 사람의 마음을 향해 내던지는 창과 같다. 창처럼 말은 한 사람에게 나와서 다른 사람을 꿰뚫는다. 물론 모든 말이 다 창은 아니다. 어떤 말들은 통조림 캔에 불과해서 한 장소에서 다른 장소로 정보를 옮길 뿐이다. 그러나 하나님의 말씀은 이렇게 겨냥하고 의도적이며 인격적인 성격을 가진다. 이런 식으로 통찰력 있게 꿰뚫는 말을 들을 때, 우리는 이전과 같은 사람이 아니다. 이러한 말들은 우리 안으로 파고들어 와서 우리 안에서 그 의미의 효력을 발휘한다.[3]

기도를 준비하면서, 하나님이 우리에게 주신 말씀에 응답할 채비를 하면서, 우리는 하나님의 모든 말씀에 이런 특징이 있음을 배운다. 그 말씀들이 '토라'이며, 우리는 그 표적이다. 하나님의 말씀은 어떤 정보가 필요할 때 책꽂이에서 꺼내 보는 도서관의 참고 서적이 아니다. 이 말씀들에는 둔하거나 현학적인 면이 전혀 없다. 모든 것을 창조하고 구원하는 그 하나님의 말씀들은 우리가 사는 곳에서 우리에게 명중한다.

우리가 이것을, 즉 하나님이 우리에게 말씀하심을 아는 순간 기쁨이 터져 나온다. "시편은 여호와의 토라에 관심을 갖고 그로 인해 기뻐하는 사람들이 드린 예배(liturgy)다."[4] 시편은 마치 시험 준비를 하듯이, 힘들여서 그러나 비인격적으로 공부하는 그런 말들이 아니다. 또 시편은 무심코 경계를 넘거나 규약을 어기지 않을까 하여 두려운 마음으로 면밀하게 검토해야 하는 그런 말들도 아니다. 시편은 우리가 **받아들이는** 말들이다. 우리 안에 새로운 생명을 형성하기 위해, 구원의 에너지를 공급하기 위해 의도된 말들이다. 이 기쁨은 묵상, 즉 토라 묵상으로 발전된다. 묵상(*hagah*)이란 몸의 행동이다. 우리는 묵상할 때 말씀을 중얼거리고 소리를 내면서 일종의 신체적 쾌락을 느끼며 후두와 혀와 입술로 음절을 발음하면서 그 의미를 느낀다.[5] 이사야는 이 '묵상하다'라는 단어를 사용하여 사자가 먹이를 보고 으르렁대는 소리를 묘사했다(사 31:4). 사자가 먹이를 대하는 것과 사람이 토라를 대하는 행동은 유사하다. 사자와 사람은 자신을 좀 더 강하고 유연하고 재빠르게 만들어 줄 것을 손에 넣는다는 즐거운 기대감으로 으르렁거린다. "주께서 내 마음을 넓히시면 내가 주의 계명들의 길로 달려가리이다"(시 119:32).

이것은 하나님의 말씀을 단순히 읽거나 그에 대해 생각하는 일과 차원이 다르다. 이것은 의미를 밝혀내는 지적 과정이기보다는, 다시 소리 내어 읽으면서 말씀을 듣고 또 들어 그 소리들이 근육과 뼛속 깊은 곳까지 파고들게 하는 생리적 과정이다. 묵상은 씹는 행위(mastication)다.

물가에 옮겨 심긴 나무는 우리를 기도의 길에 서도록 하는 이미지를 풍긴다. 이 시어들의 가장 자연스러운 의미를 찾는다면, "시냇가에 심은 나무"는 "관개 수로 곁에 옮겨 심긴 나무"를 가리킨다.[6] 시편에 수록될 글들을 모아 기도책으로 만들던 당시, 이스라엘은 바빌론 포로하에 있었다. 바빌론은 평평하고 별다른 특징이 없는 지역이었다. 강 하나가 유일하게 흐르고 있었다. 바빌론 사람들은 전역에 걸쳐 관개 수로를 파서 땅의 생산성을 높였다. 이 관개 제방으로 옮겨진 이스라엘 사람들—무자비한 태양 아래 있는 피난민들—은 자신들이 기도하기에는 최악의 조건에 처했다고 생각했다. 화려했던 솔로몬 성전은 예루살렘에 폐허로 남아 있었다. 그들은 도저히 기도할 수 없다고 생각했다. 그 가운데 한 사람이 이를테면 "바빌론 블루스" 같은 노래를 지었는데, 곧 모든 사람이 그 노래를 불렀다. "우리가 이방 땅에서 어찌 여호와의 노래를 부를까"(시 137:4). 그들은 노래할 수 없다고 생각했다. 그러나 노래했다. 도대체 어떻게! 어떻게 그럴 수 있었단 말인가? 포로가 된 땅에서 하나님의 말씀이 그들의 삶에 다시 들어오게 함으로써, 그분의 말씀이 그들에게서 응답을 끌어내게 함으로써 가능했다. 그들은 토라 묵상에 침잠했다. 미처 그 답을 알기도 전에 그들은 기도하고 있었다. 그들은 나무였다. 바빌론으로 옮겨 심긴 그들은 뿌리를 내리고 잎을 내며 열매를 맺었다. 우리는 모두, 우리가 적절한 곳에 있다면 기도할 수 있으리라고 혹은 좀 더 잘 기도할 수 있으리라고 가정한다. 우리가 있어야 한다고 생각하는 곳 혹은 있기 원하는 곳에 가게 될 때까지 기도하는 일을 미룬다. 하나님의 말씀은 우리가 거하는 바로 그곳을 겨냥하고 거기에서 우리의 응답을 이끌어 내는데, 우리는 환상과 환경이 그 말씀에 집중하지 못하게 방해하도록 그냥 둔다.

우리는 나무, 옮겨 심긴 나무를 보고 또 그 안에 있는 우리 자신을 봄으로써 기도할 준비를 한다. "우리는 사려 깊게 오랫동안 나무를 응시한 후에야 비로소 진리라는 거대한 개념(great idea of True)—무수한 사람들이 이를 위해 죽은, 우리의 정서가 깊이 어린 상징적 개념—에 이를 수 있다. 고대 영어로 '트레오우'(Treow)인 나무(tree)에서 '진정한'(True, Treow), 즉 '깊이 뿌리박은 개념'이라는 단어가 나왔다."[7]

보이지 않는 것을 이해하는 일은 보이는 것에서 시작된다. 하나님께 기도하는 것은 나무를 보는 일에서 시작된다. 우리가 맺을 수 있는 가장 깊은 관계는 모든 집의 뒤뜰에 있는 것을 눈여겨보는 일상 경험에서 비롯된다. 우리는 스스로를 좀 더 천상에 가까운 존재로 만들어서 기도의 삶에 뛰어드는 것이 아니라 스스로를 좀 더 지상에 가까운 존재로 만들어서 기도의 삶에 들어간다. 선, 아름다움, 하나님 같은 추상적 관념들을 서술하는 것이 아니라 나무와 청개구리, 산과 모기에 관심을 기울임으로써 기도의 삶으로 들어간다.

기도 훈련을 위해 성경의 기도서 앞으로 나아온 우리에게 처음 떨어진 지시는 다음과 같다. "나무에서 당신 자신을 발견하라. 나무 앞에 앉아 오랫동안 골똘히 그것을 쳐다보라." 기도는 보지 않는 것에서가 아니라 보는 것에서 시작된다. 기도는 감각에서, 몸에서, 지리학에서, 식물학에서 시작된다.

추상화는 기도의 적이다. 아름다운 개념들은 기도의 적이다. 세련된 사고는 기도의 적이다. 바위에 발가락이 부딪히고, 폭풍우에 흠뻑 젖고, 원수에게서 뺨을 맞을 때 진정한 기도가 시작된다. 혹은 우리가 다니던 길에 오래전부터 있어서 전혀 주의를 기울이지 않았던 나무와 부딪쳐, 이제 그 앞에서 상처 입고 놀라워하는 경외감으로 한걸음 뒤로 물러설 때 진정한 기도가 시작된다.

토라 묵상은 우리를 이리저리로 밀어붙이는 산만한 말들에서 벗어나 주의 집중의 세계로 들어가게 한다. 옮겨 심긴 나무는 우리의 산만해진 의지, 기도하기 '알맞은' 조건을 정신없이 찾아 헤매던 의지에 초점을 맞춘 이미지다. 나무는 우리에게 집중을 요구하며 이렇게 말한다. **"여기에 뿌리를 내려라."**

## 경배로 들어가기: 시편 2편

시편 1편의 행동을 지배하는 '묵상하다'(hagah)라는 동사는 시편 2편에서도 사용되지만, 여기에서는 문맥상 '꾸미다'(plot)로 번역된다. "어찌하여 이방 나라들이 분노하며 민족들이 헛된 일을 **꾸미는가?**" 시편 1편의 '묵상하다'와 시편 2편의 '꾸미다'는 같은 동사다. 이 두 가지는 같은 행동, 즉 하나님의 말씀에 대한 관심을 입으로 중얼거리고 흡수하고 반추하며 이것이 그 중요한 말, 즉 모든 존재를 결정하는 말임을 깨닫는 행동이다. 그러나 시편 1편이 우리로 하여금 그 말을 생명을 주는 말로 받게 하고 기쁨으로 이 말에 접근하도록 하는 반면, 시편 2편은 민족들이 이 말에 대항하여 일을 꾸미는 장면을 보여 준다. 이 말을 없애서 그들의 삶에 대한 하나님의 간섭에서 완전히 자유롭고자 계략을 꾸미는 사람들의 모습 말이다. 이 사람들은 하나님의 말씀을 진리로 그들의 삶을 꿰뚫는 창으로 보지 않고, 그들의 자유를 제한하는 사슬로 본다. 그들은 이 말씀에서 벗어나 그들의 말이 통치할 수 있도록 마음을 합친다.

이렇게 행동하는 사람들은 강한 인상을 준다. 그들은 다수(이방과 민족들)이며 유력하다(군왕들과 관원들). 많은 사람이 하나님의 말씀을 거부한다. 그들은 그 말씀을 거부할 뿐 아니라 그들의 거부를 세상 권력으로 바꾼다. 이 사람들은 세상 군대 대부분을 지휘하고, 과학 발전을 이끌며, 학교 제도를 운영하고, 정부를 주도하며, 재계를 지배한다. 이 사람들이 하나님의 통치에 대항하여 적극적으로 음모를 꾸민다면, 도대체 기도가 무슨 소용이 있겠는가? 지구를 흔들고 움직이는 이들이 하나님의 말씀에 대항하여 연합하는 마당에 그저 순진하게 '나무'나 묵상한다면 무슨 승산이 있겠는가?

위협은 산만함만큼이나 기도에 치명적이다. 우리가 위협에 굴복한다면 모든 문화계, 정계, 재계, 과학계를 "여호와를 대적하는" 자들에게 넘겨주게 될 것이다.

여기서 문제가 되는 것은 크기다. 우리는 하나님의 세계가 참으로 **크다**는 사실을 볼 수 있도록 하는 상상력을 발휘해야 한다. 하나님의 세계는 왕과 왕자들, 수상들과 대통령들의 세계보다, 신문과 텔레비전이 보도하는 세계보다, 핵물리학자와 군사 역사가들이 쓴 두꺼운 책들에 묘사된 세계보다 훨씬 더 큰 세계다. 하나님이 통치하시는 말씀의 세계가 증권 시장이나 로켓 발사, 정상 회담의 세계를 보충하는 것이 아니라 반대로 이 모든 것을 포함한다고 상상할 수—볼 수—있어야 한다.

여기에는 단순히 하나님의 주권을 인정하는 것보다 더 중요한 문제가 연관된다. 그 크기를 경쟁하는 이 세상 가운데 우리에게는 하나님의 크심을 인식할 수 있는 길, 즉 설득력 있고 사용하기 편하며 접근하기 쉬운 도구가 필요하다. 여기에서 실패한다면 기도는 더 자랄 수 없다. 우리는 웅크리고 위축된 채 기도할 것이다. 우리의 기도는 처량한 하소연으로 끝날 수밖에 없다.

시편 2편은 메시아를 보여 줌으로써 이와 같은 우리의 필요를 충족시킨다. 메시아는 역사에 나타난 하나님의 위격이다. 하나님은 전적으로 영혼의 문제만 다루시지 않는다. 그분은 도시에서도 일하신다. 하나님은 메시아로 세속 사회에 침입하셨다. 사람들이 학교에 가고, 직장에 가고, 전장에 나가고, 시카고로 가는 그 세계에 들어오신 것이다. 그분은 들어오신다. 그것도 **인격으로**(in person) 들어오신다. 그분의 말씀은 우리가 성경에서 묵상하는 것일 뿐만 아니라 역사 속에서 구체적 형체를 띤다. 우리는 한 사람으로 오셔서 행동하시는 그 말씀을 본다.

하나님이 그분의 광대한 통치에 대한 감각을 우리 안에 심어 주시기 위해, 평범한 이름(사울, 다윗, 스룹바벨 같은)을 가진 사람을 평범한 장소(시온)에 보내셔서, 그를 "내 아들"이라 부르시고, 도로를 건설하고 도시를 방비하고 외국 사절단을 영접하는 것과 같은 영적이지 않은 임무(unspiritual jobs)를 주신다는 사실은 많은 이에게 믿기지 않는 일로 다가온다.

즉시 분개한 이들이 이의를 제기한다. "하지만 우린 그 사람과 함께 자란걸요. 그의 형제자매들도 모두 안답니다. 2학년 때는 제 건너편에 앉았고 어린이 야구단에서 같이 야구도 했습니다. 차라리 거대한 결의를 공표하고, 진리와 사랑과 정의 같은 거대한 사상을 실천하고, 버릇없는 통치자들을 힘으로 제압해서 이 뻔뻔스러운 세상을 제자리로 돌려놓는 것이 더 낫지 않을까요? 혹 눈에 보이는 무언가가 필요하다면, 스핑크스를 납작하게 만들 만큼 엄청난 동상이나 대초원을 꽉 채울 신전의 청사진을 제시하는 건 어떨까요?"

그러나 이런 일은 이스라엘에서 일어나지 않았다. 그 대신, 사람들을 선택하여 하나님의 통치를 대리한다는 표시로 그들의 머리에 기름을 부었다. 메시아(기름 부음을 받은 자)들을 세운 것이다. 이스라엘은 장엄한 신전들과 무자비한 군대들, 거인상들, 거대한 도서관들을 뽐내는 열강에 둘러싸여 있었다. 그러나 하나님은 평범한 가문에서 선택한 사람들에게 기름을 붓도록 명하심으로써 이스라엘이 경험한 어떤 것보다도 크고 위대한 그분의 통치를 보여 주고자 하셨다. 하나님은 그들을 훈련하셔서, 일상적이고 개인적인 것에서 그분의 통치를 시작하고 주권을 세우는 일을 보게 하셨다. 사람들은 소위 세상의 세력 앞에서 두려워 떨던 데에서 돌이켜 기름 부음을 받은 자, 즉 당대의 메시아를 통해 일하시는 하나님을 보는 법을 꾸준히 배웠다.

이 믿기지 않는 방법과 관련해서 가장 특이한 점은, 이것이 최소한 기도의 길에 들어선 사람들에게는 효과가 있다는 사실이다. 하나님이 메시아를 통해 세상에 침입하시는 모습을 관찰했던 수 세기 동안의 훈련은, 나사렛 예수가 메시아(그리스어로는 *Christos*, '기름 부음을 받은 자')로 선포되었을 때 결말에 이르렀다. 여느 때처럼 사람들은 이 메시아도 받아들이지 않았다. "이는 요셉의 아들 예수가 아니냐?"(요 6:42) "나사렛에서 무슨 선한 것이 날 수 있느냐?"(요 1:46) 그러나 사실이었다. 하나님이 역사에 침입하셨다. 그리스도인들은 하나님이 예수님 안에서 역사로 들어오시기만 한 것이 아니라 육신이 되셨다고 믿는다. 예수님 안에서 이루어진 하나님의 임재는 대표성을 띨 뿐 아니라 철저하게 이루어졌다. 예수님은 이전의 메시아들이 근접하기는 했으나 결코 같을 수는 없었던 완전한 메시아셨다. 그러나 그 **방법**은 같았다. 하나님이 인간의 인격을 입고 역사 속에 들어오셔서 그 꾸밈없는 인격으로 겸손하게 통치권을 행사하셨다.

두 가지의 세부 사항이 메시아적 상상력을 타당한 것으로 확장한다. 첫째는, 하나님이 세상 권력을 비웃으시는 모습을 보여 준 것이다. "하늘에 계신 이가 웃으심이여 주께서 그들을 비웃으시리로다"(시 2:4). 웃음은 균형감을 회복한다. 우리는 세상의 오만함을 너무 심각하게 받아들이는 경향이 있다. 하나님은 웃으신다. 우리도 그분과 함께 웃는다. 웃다 보면, 높은 체하는 모든 일이 어리석은 태도로 보인다.

또 다른 하나는 예배에 대한 호소다. "여호와를 경외함으로 섬기고 떨며 즐거워할지어다"(시 2:11). 우리는 통치자들에게 통치자가 필요하고, 왕들에게 왕이 필요함을 본다. 그들의 세계는 너무 작다. 그들이 애써 하나님을 배제하고 다스리는 나라는 너무 작다. 그들의 세계는 또한 위험하다. 고집을 피운다면 곧 망할 것이다. "그런즉 군왕들아 너희는 지혜를 얻으며…교훈을 받을지어다"(시 2:10). 자신이 작은 크기로 축소될까 봐 두려워 떨 때, 그들에게는 하나님의 크기로 들어가는 길이 열리게 된다. 그들은 더 넓은 세상이 필요하다. 더 넓은 세상으로 가는 길은 그들보다 더 큰 분 앞에서 예배하는 경외감을 통해 가능하다.

이것은 역사나 인류에게 **강요된** 주권이 아니다. 그것은 **침입한다**. 이것은 바깥에서가 아니라 안에서 시작된다. 이 길을 받아들이는 사람들은 기도의 삶에서 "내부가 외부보다 훨씬 더 크다"는

사실을 발견한다.[8]

메시아가 일하시는 방법에 대해서는 아직 배울 내용이 많고, 그동안 많은 오해가 있기도 했다. 그러나 이것은 시편 2편의 관심사가 아니다. 그런 것은 기도를 실천하고 신앙 가운데 성장하는 동안의 적절한 때에 배우게 될 것이다. 시편 2편의 역할은 광대함에 이르는 길을 제공하고, 그로 말미암아 위협받는 상상력을 회복하여 하나님 말씀의 광대한 깊이를 이해하도록 하는 것이다.

### 나무와 메시아

히브리인들은 성경을 세 부분으로 정리했다. **토라**(율법)는 하나님의 근원적인 말씀이다. **예언서**(역사서 포함)는 하나님의 말씀이 지리와 역사 가운데서 일함을 보여 준다. **성문서**(시편이 대표적이다)는 신앙생활에서 기도를 실천함으로써 하나님의 말씀에 대한 우리의 반응을 형성한다. 하나님의 말씀은 밀려오는 파도와 같고 풍부하다. 수백 년 동안의 말씀이 이 속에 있다. 이야기를 전하고, 설교를 하고, 계보를 보존하고, 역사를 해석하는 가운데 말이다. 모든 음절이 보석이다. 어떻게 해서든 이 날카롭고 지체 없으며 인격적인 말씀들을 모두 듣고 그에 응답해야 한다. 아주 작은 뉘앙스도 놓쳐서는 안 된다. 시편 1편과 2편은 모든 **토라**(시편 1편을 통해)와 모든 **예언서**(시편 2편을 통해)를 기도의 길, 즉 시편으로 인도하는 깔때기 역할을 한다. 시편은 "하나님의 말씀에 대한 적절한 응답으로 이끄는" 기도로 우리 삶을 훈련하는 곳이다.[9]

시편 1편은 조용하게, 우리의 흐트러진 삶을 추슬러 최고로 집중하게 한다. 시편 2편은 활력이 넘쳐서, 우리에게 겁주어 숨게 하는 위협적인 세상에 대항하게 한다. 우리는 시편 1편을 통해 나무가 되어, 하나님의 말씀 앞에서 수집되고 기억된 토라라는 땅과 시내에 뿌리내린다. 시편 2편을 통해서는 메시아, 즉 이 세상에 인격적으로 개입하신 하나님을 본다. 때로는 자신을 숨기시기도 하지만, **이곳**에서 다스리시는 하나님을 본다. 시편 1편은 우리의 에너지를 모아 듣는 행위에 집중시킨다. 시편 2편은 우리의 시야를 확장하여 메시아의 계시를 받아들이게 한다. 주의 집중과 예배 가운데 우리는 기도할 준비를 한다.

# 3장

## 기도의 언어

주의 영광이 하늘을 덮었나이다.
주의 대적으로 말미암아
어린아이들과 젖먹이들의 입으로 권능을 세우심이여
이는 원수들과 보복자들을 잠잠하게 하려 하심이니이다.
시편 8:1-2

천지의 주재이신 아버지여 이것을 지혜롭고 슬기 있는 자들에게는 숨기시고
어린아이들에게는 나타내심을 감사하나이다.
옳소이다. 이렇게 된 것이 아버지의 뜻이니이다.
내 아버지께서 모든 것을 내게 주셨으니 아버지 외에는 아들을 아는 자가 없고
아들과 또 아들의 소원대로 계시를 받는 자 외에는 아버지를 아는 자가 없느니라.
예수님, 마태복음 11:25-27

언어는 말이 아니라 완전한 순환(circle)이다.
단어에서 소리로, 인식으로, 이해로, 느낌으로, 암기로, 행동으로 그리고
그렇게 성취된 행동에 대한 단어로 되돌아오는 순환 말이다.
그래서 청자가 진정한 청자가 되려면, 이전에 그에게 무언가가 일어나야 한다.
그에게는 기대가 있어야 한다.


오이겐 로젠스톡휘시(Eugen Rosenstock-Huessy)

우리는 기도의 내용이 아니라 우리 자신을 가다듬으며 기도를 준비한다. 시편 1-2편에 나타난 기도 준비 단계를 통해 우리는 기도할 채비를 갖추는데, 이것은 단지 사실을 파악하는 일만이 아니라 진리를 수용하는 데 적합하도록[adequte, 토마스 아퀴나스의 '일치'(*adequatio*)] 우리의 내적 삶을 형성하는 것이다.¹ 그러나 막상 기도 행위 자체를 하려고 하면, 정작 우리는 아무것도 준비할 수 없다. 적합한 말을 찾을 수 없고 어떤 자세를 취해야 할지 모르고 어떤 감정을 가져야 할지 모른다. 그저 기도할 뿐이다. 기도는 원초적 언어다. 우리는 처음부터 어찌해야 하는지 배우지 않은 채 그저 계속 기도할 뿐이다. 그냥 기도하다 보면 우리가 무엇을 하고 있는지 알게 되고, 우리의 기도는 깊어지고 성숙해진다.

시편 3편에 나오는 첫 번째 기도의 첫 문장은 "여호와여, 나의 대적이 어찌 그리 많은지요!"(시 3:1)다. 짧고 긴박하며 겁먹은 채로 내뱉은 말이다—곤경에 빠진 한 사람이 하나님께 도와 달라고 부르짖는다. 그 언어는 개인적이고 직접적이며 필사적이다. 자신의 고통과 죄책과 회의와 절망 같은 곤경을 하나님께 부르짖는 것, 이것이 바로 기도의 언어. 그들은 생명의 위협을 받고 있다. 도움을 얻지 못하면 죽거나 위험한 지경에 처할 것이다. 기도의 언어는 시련의 도가니 속에서 연마된다. 우리 힘으로는 어쩔 수 없어서 도움을 호소할 때, 현 상황이 싫어서 밖으로 뛰쳐나가려고 할 때, 현재 모습이 싫어서 변화를 원할 때 우리는 원초적 언어를 사용하는데, 바로 이 언어가 기도의 뿌리 언어가 된다.

언어는 고통에 짓눌릴 때 탄생한다. 우리가 처음으로 내는 소리는 울음소리다. 우리의 초기 언어는 모두 알아듣기 힘든 말이지만, 음식과 온기와 보살핌과 사랑 등 생존에 필요한 것들을 얻게 해 준다. 우리에게는 도움이 필요하다. 우리는 다른 사람이 필요하다. 하등의 동물과 달리 우리는 타자에게 얻는 최소한의 도움만으로 생명의 순환 과정을 통과할 수 있는 본능을 갖지 못했다. 우리는 미완의 피조물로서 우리 존재의 모든 부분에 걸쳐 복합적이고 광범위한 도움이 필요한데, 언어는 그러한 도움을 얻는 수단이다.

기도는 한 인간이 거룩한 하나님과 대화하는 것으로, 하나의 거대한 신비이자 확률에 도전하는 일이다. 그러나 기도는 일상에 깊이 박힌 신비며 우리와 매우 가깝다. 우리가 기도를 배울 때 하나님은 우리에게 증거를 남겨 두셨다. 언어 자체, 즉 언어를 배우고 사용하는 방식이 증거인 셈이다. 인간의 기도는 인간의 언어와 같은 조건에서 나온다. 기도와 언어는 같지 않지만(우리는 단순히 부모나 친구들 대신 하나님께 말함으로써 기도를 배우지는 않는다), 이 두 기본적인 인간 행위 사이에는 풍부한 유사점이 있다. 우리는 언어의 본질을 통해 기도를 배우고 행하는 데 통찰력을 얻을 수 있다.

## 바람 소리일 뿐

그러므로 언어의 작용 방식을 잘 관찰하는 일은 기도의 실제를 이해하는 좋은 출발점이다. 언어는 거의 기도만큼이나 신비롭다. 바로 여기에 모순이 있다. 이해를 위한 기본 도구 자체가 이해되지 않는다. 수 세기에 걸쳐 우리가 말을 배우고 사용한 방식을 연구하고 숙고해 본 사람들은 끊임없이 놀란다. "단지 바람 소리에 불과한 것이 사람으로 그들이 생각하고 느끼는 바를 발견하게 해 주고, 그들의 태도와 계획을 서로 나누게 하며, 미래를 기대하고 과거에서 배우게 하고, 지속적인 예술 활동을 창출하게 한다는 사실은 여전히 놀랍다."[2]

언어는 매우 다양한 차원에서 그리고 매우 다양한 목적을 위해 사용된다. 기도의 언어는 기본적으로 한 가지 차원에서, 즉 개인적 차원에서 그리고 한 가지 목적을 위해, 즉 구원을 위해 생겨난다. 인간의 환경은 재앙의 벼랑에서 쓰러질 듯 흔들리고 있다. 인간은 거의 항상 곤경에 처해 있다. 자신이 곤경에 빠져 있음을 모르는 사람이야말로 최악의 곤경에 처해 있는 셈이다. 기도는 자신이 곤경에 빠져 있다는 사실을 아는 사람들 그리고 하나님이 자신을 구해 주실 수 있음을 믿거나 소망하는 사람들의 언어다. 기도할 때 그 곤경은 다른 차원으로 옮겨 가서 다른 형태로 전개된다. 그러나 곤경은 — 잘못에 빠질 때, 위험에 처할 때, 우리가 처리하기에는 대적이 너무 많음을 깨달을 때 — 우리가 기도하도록 도전하는 기본적인 자극이다. 언젠가 아이작 바셰비스 싱어(Isaac Bashevis

Singer)는 "곤경에 빠질 때 나는 기도할 뿐이다. 그런데 나는 항상 곤경에 빠져 있다. 따라서 나는 항상 기도한다"고 말했다. "쉬지 말고 기도하라"는 사도 바울의 말에 순종하는 비결은 엄격한 금욕생활이 아니라, 우리가 처한 곤경을 주의 깊게 인식하는 것이다.

언어가 거하는 곳에 관한 대략의 지형도라도 한 장 있으면 기도 언어의 특성을 찾는 데 유용하다. 세 개의 영역―언어 1, 언어 2, 언어 3―으로 나누어 보면 좋은 안내도를 얻을 수 있다.[3] 물론 이런 개괄적인 분류로는 언어의 압도적인 복잡성을 제대로 설명할 수 없다. 오히려 그러한 복잡성을 모호하게 덮어 버리는 면도 있다. 그러나 우리가 지도 한 장에서 얻고자 하는 것은 어떤 곳에 도달하는 데 필요한 도움이지, 토양에 대한 설명과 분석은 아니다. 그런 것은 위치 확인을 한 후에나 가능하다.

## 언어 지도

언어 1은 개인적 친밀함과 관계의 언어로, 우리가 처음으로 배우는 언어다. 그것은 처음에는 명료한 언어가 아니다. 부모와 갓난아이 사이에 오가는 소리는 그 의미가 믿기 어려우리만치 풍부하지만, 구체적인 내용 면에서는 그리 인상적이지 않다. 아기가 옹알거리고 우는 소리는 문법적으로 분석되지 않는다. 맞장구치는 부모의 무의미한 음절을 사전 항목에서 찾을 수도 없다. 그러나 끽끽거리고 음조에도 없는 콧소리를 주고받는 가운데 신뢰가 쌓인다. 부모가 속삭일 때 보채며 울던 아기는 기대감에 흥흥거린다. 이런 언어가 그다음 단계로 발전하는 데 있어서 모퉁잇돌에 해당하는 단어는 이름 혹은 엄마 아빠 같은 애칭이다. 한정된 어휘와 엉망진창인 구문에도 불구하고, 그것은 복합적이고 심오한 사랑을 표현하는 데 그리고 인간 실존에 바탕이 되는 기본적인 신뢰를 개발하는 데 충분하다. 언어 1은 우리의 원초적 언어로서 인간 조건을 표현하고 개발하는 데 사용된다.

언어 2는 정보 언어다. 자라면서 우리는 우리를 둘러싼 놀라운 사물의 세계와 그 모든 것에 바위, 물, 인형, 병, 손가락 등 저마다 이름이 있다는 사실을 발견하게 된다. 언어를 습득하면서 우리는 점진적으로 사물의 세계에 적응해 간다. 우리가 처음 함께했던 사람들과의 친밀한 관계를 넘어서, 나무와 소방차와 눈덩이 등으로 이루어진 환경 속에 처한 자신을 발견한다. 날이 갈수록 단어가 늘어난다. 사물에 이름이 있다는 사실에 더는 놀라지 않는다. 이웃을 알게 되고, 세상과 친구가 된다. 이것과 저것 사이, 어제와 내일 사이, 여기와 저기 사이를 연관 지으며 문장으로 말하기를 배운다. 세상은 놀랍도록 다양하고, 우리는 언어를 통해 그러한 세상을 설명하며, 여기에 무엇이 있는지 그리고 그것이 어떻게 구성되는지를 인식할 수 있다. 언어 2는 학교에서 주로 사용된다.

언어 3은 동기 유발의 언어다. 우리는 말에 일이 벌어지게 하고 무에서 유를 창조하며 활력 없던 인물이 목적이 분명한 행동을 하도록 하는 힘이 있음을 일찍부터 알고 있다. 아이가 소리치며 보챈다면 먹을 것과 마른 기저귀가 필요하다는 뜻이다. 부모가 명령하면 아이는 짜증을 그친다. 신체의 힘을 동원하지 않더라도 말이다.

거기에서 무슨 물리적 원인을 찾을 수는 없다. 그저 한마디면 족하다—그만해, 저리 가, 뚝, 어서 말해 봐, 음식을 남겨선 안 돼. 우리는 언어를 듣고 움직이며, 언어를 사용해서 다른 사람을 움직인다. 아이들은 이 언어를 재빨리 능숙하게 습득해서는, 자기들보다 더 크고 총명한 사람들을 움직여 힘을 사용하게(종종 그들의 기호와 더 나은 판단을 거스르면서) 한다. 언어 3은 광고와 정치 영역에서 지배적이다.

언어 2와 언어 3은 우리 문화에서 지배적인 언어들이다. 설명하고(언어 2) 동기를 부여하는(언어 3) 언어가 지배적이다. 우리는 학교 교육을 통해 우리가 사는 세계를 설명하는 언어를 잘 배웠다. 우리는 사람들이 물건을 사고, 동참하고, 투표하게 만드는 언어 훈련을 잘 받았다. 한편 친밀성의 언어, 즉 신뢰와 소망과 이해의 관계를 개발하는 언어 1은 쇠약해졌다. 한번 요람을 치워 버리고 나면 점점 그것을 사용할 마음이 생기지 않는 법이다. 사랑에 빠져서 누가 엿듣기라도 하면 그저 횡설수설한다고 할 그런 말을 하며 전화로 장시간 떠들어 대는 청년기에 잠깐 언어 1이 회복되기는 한다. 그러나 그것은 횡설수설과는 거리가 멀다. 그 소리들은 관계를 표현하고 **존재**를 실현한다. 이 젊은이들은 존재의 소리에 귀 기울이는 것이다. 그들은 사랑을 나눌 뿐 방정식을 풀거나 비누를 팔지 않는다. 사랑을 고백하고 결혼할 때 우리는 이 언어를 다시 사용하는데, 이것이야말로 우리의 열정과 헌신에 적합한 유일한 언어임을 발견한다. 낭만적 사랑은 이러한 언어를 더욱 심오하게 한다. 우리가 그럴 의지가 있는 한 말이다. 그러나 보통 우리의 의지는 약해지기 마련이다. 그래서 일상에 시달리고 먹고사는 문제에 눌리다 보면, 우리는 우리에게 필요한 더 쉬운 정보와 동기 유발 언어에 만족하게 된다. 아이를 양육하는 처음 몇 달간 잠시 기본 언어를 다시 익히고 사용한다. 죽음을 앞두고 있을 때, 만일 우리가 죽어 가고 있음을 안다면 우리는 이 언어 외에는 아무것도 사용하지 않을 것이다. 소수의 연인, 몇몇 시인들, 성자들 같은 소수만이 이 언어를 계속 사용할 뿐, 사람들은 대개 이 언어를 사용하지 않은 채 흘려 버린다. 월터 웽거린(Walter Wangerin, Jr.)은 이를 일컬어 '태만의 대학살'(vast massacre of neglect)이라고 했다.[4]

## 첫 언어

언어 1은 시편의 언어이자 기도의 언어다. 물론 오로지 언어 1만 사용되지는 않는다. 실제로 모든 언어가 혼용되지만, 주로 언어 1이 사용된다는 말이다. 언어 1은 인생의 중요한 마디(nodal point), 즉 우리 존재가 출현하거나 중심에 놓이거나 의문시되거나 위협에 처할 때 우리가 자연스럽게 사용하는 언어다. 이 언어가 요구하는 바가 우리 존재의 핵심이다. 그러나 실제로는 거의 누구도(흔히 아무도) 우리에게 그것을 요구하지 않기 때문에, 우리는 이 언어에 가장 능숙하지 못하다. 학교에서 진급하려면 언어 2를 습득할 필요가 있으며 언어 3을 사용해서 우리의 뜻을 이룬다면 그것은 유쾌하다. 그러나 우리 아이들과 부모, 연인, 하나님(다해 봐야 별로 많지 않으며, 우리가 원하면 쉽게 회피할 수 있는 대상들이다) 외에는 아무도, 우리가 언어 1을 사용하건 말건 별 관심이 없다. 그러나 이것은 우리 인간에게, 우리가 누구며 누구와 함께 있는지 발견하는 데, 사랑과 돌봄에 가장 필요한 언어다. 물론 하나님에게도.

언어 2와 3 역시 신앙생활에서 중요하지만, 언어 1과 깊이 관련되지 않으면 그것들은 빈약하고 초라해진다. 아담처럼 동산에 있는 동물을 발견하고 스스로 이름을 지어 주는 대신 목록 작성에나 사용되는 것으로 축소된 언어 2가 그렇고, 창세기의 하나님과 복음서의 예수님(이후의 모든 참된 시인)처럼 보기에 좋은 것을 창조하는 대신 아둔한 조작이나 하는 데 사용되는 것으로 축소된 언어 3이 그렇다.

우리는 우리가 어디에 있는지 설명해 주고 우리가 원하는 것을 얻게 해 주는 언어가 더 편하고 우리 문화는 이러한 언어들을 더 존중하기 때문에, 우리는 더 쉽게 요리할 수 있는 언어로 기도하는 습관이 들었다. 이것이 기도에는 치명적이다. 정보 언어는 기도의 언어가 아니다. 동기 부여의 언어 역시 기도의 언어가 아니다. 이런 언어로 기도하는 것은 결국 기도하지 않는 것이다. 우리는 시편을 통해 기도의 언어 즉 친밀함의 언어, 관계의 언어, '나와 너'(I and Thou)의 언어, 인격적 사랑의 언어 훈련을 받아야 한다.[5]

우리가 사는 이 시대에는 이런 언어를 실습할 수 있는 경우가 거의 없기 때문에(일본에 살면서 프랑스어를 배울 기회가 없는 것처럼) 이 언어에 능숙해지기 어렵기도 하지만, 이미 우리 모두가 배운 첫 언어기 때문에 누구나 능숙해질 수 있다. 기도를 배우는 일은 새로운 것을 배우는 것이 아니라, 우리의 첫 언어를 회복하는 것이다. 언어

1의 기술을 개발하는 것은 우리 안에 있는 기본적인 언어로 돌아가는 문제다. 기도는 2차 언어가 아니라, 이미 우리 존재의 핵심 그리고 우리가 앞으로 성숙해야 할 존재의 핵심에 있는 언어다.

## 정확한 기도

사실상 시편에 등장하는 첫 번째 기도인 시편 3편을 통해 우리는 언어 1의 세계로 들어간다. "여호와여, 나의 대적이 어찌 그리 많은지요?"로 시작하는 절규는 곧바로 "여호와 주는 나의 방패시요 나의 영광이시요 나의 머리를 드시는 자이시니이다"라는 신뢰의 서정시로 분위기가 반전된다. 기도를 유발한 곤경이란, 대적이 나의 생명을 위협하고 있는 개인적인 상황이다. 나는 세 차원에서 적의를 경험한다. 다수의 대적이 그 규모로 나를 위협하고("나의 대적이 어찌 그리 많은지요?"), 대적이 공격적으로 나오면서 나를 급박한 상황으로 몰아가고("일어나 나를 치는 자가 많으니이다"), 대적이 나의 믿음을 조롱하고 폭로하면서 기를 꺾는다("많은 사람이…말하기를 그는 하나님께 구원을 받지 못한다 하나이다"). 이 세 차원의 곤경은 동일한 세 차원에서 경험한 구원과 조화를 이룬다. 하나님은 적나라하게 드러난 나의 상처를 방패로 덮으시고, 대적의 경멸 어린 조롱은 "나의 영광"이신 하나님을 경험할 때 물리쳐지고, 악의적 도발(이것은 수동적으로 적대하는 분위기가 아니고 이 때문에 내가 낙심하고 고개가 수그러질 정도로 격렬한 압제다)은 소망 속에서 내 머리를 들어 주시는 하나님을 경험할 때 역전된다. 도움을 호소하자 행동으로 응답이

온다.

이 기도의 중심에는(5-6절) 하나의 일화가 있다. 한 사람이 누워 잠이 들었다가 다시 일어난다. 그는 숱한 대적에 둘러싸여도 두려워하지 않는다. 여기에 사용된 언어는 꾸밈없고 소박하다. 세 개의 동사는 모든 사람이 저녁과 밤과 아침이면 하는 것, 즉 눕고 자고 일어나는 행위를 말해 준다. 이런 행동들이 바로 기도다.

그런 뒤 이렇게 이어진다. "여호와여 일어나소서, 나의 하나님이여 나를 구원하소서"(7절). 두 명령어가 사건의 경로 변화를 시도한다. 명령법은 동사 원형으로 나타나는데, 이는 세상 혹은 최소한 내가 염려하는 세상 일부라도 변화시킬 행동을 요청한다. 또한 이것은 무능을 고백하는 것이다. 명령법은 다른 사람에게 내 힘으로는 할 수 없는 것을 나를 위해 해 달라고 요청하는 것이다(명령법은 또한 교묘하게 타인을 이용하기 위해 사용되기도 한다. 내가 너무 게을러서 스스로 하지 않으면서 남이 하도록 명한다. 그러나 이것은 그 형식을 왜곡한 것이다). 세상과 내가 변화할 수 있고 하나님이 그 일을 하신다는 기도의 모든 신학은 문법적으로 명령법을 통해 전달된다. 기도에 사용되는 동사는 명령법으로 귀착된다.

한 쌍의 직설법이 두 개의 명령법을 따른다. "주께서 나의 모든 원수의 뺨을 치시며 악인의 이를 꺾으셨나이다." 이 말의 격앙된 감정은 그 무자비한 표현으로만 드러난다. 시편의 폭력적 언어와 비슷한 것을 신약의 요한계시록에서 찾아볼 수 있다. 이것이 우리를 곤혹스럽게 한다. 그러나 언어의 가장 중요한 필요는 우리를 멋지게 포장하기 위해서가 아니라 정확하게 표현하기 위해서다. 특히 기도는 '멋진' 것이 아니다. 기도 속에서 우리는 하나님의 더욱 격렬한 측면을 인식한다. 표출해야 할 분노가 있는가? 헤아려 보아야 할 심판이 있는가? 그렇다면 그것들을 어떤 말로 표현하겠는가? 하나님이 뺨을 치시고 이를 부러뜨리시는 것은 신학적 교리가 아니라 기도의 은유다. 즉 경험과 종말론(하나님이 그분의 미래로 이끌어 가시는 것)을 연결하는 이미지다. 시편의 언어는 우리의 감수성을 거스르는 일에 개의치 않는다. 시편의 정수는 계시하시는 하나님께 반응할 때 인간의 기분이 완전히 노출된다는 점이다. 일이 뒤죽박죽일 때 불쾌한 말이, 죄로 점철된 인간성을 드러내는 언어가 튀어나온다고 해서 놀랄 일이 아니다. 기도의 언어는 단연코 인간의 언어이기 때문이다. 그것은 천사의 말이 아니다.

기도하며 도움을 호소하는 것은 정반대로 감사의 합창으로 귀결된다. 이 기도의 마지막 문장은 이중 감탄이다. "구원은 여호와께 있사오니 주의 복을 주의 백성에게 내리소서!"(8절) 곤경에 처할 때 우리는 기도하고, 우리가 경험한 악은 기도하는 과정 중에 의의 경험이 된다. 이러한 의는 악보다 훨씬 더 근원적이지만, 기도하지 않은 경험이 즉각적으로 의에 이르는 것은 아니다. 우리가 고통과 분노와 죄책과 공포를 부르짖을 때와 마찬가지로 자연스럽고도 정확하게 감사와 축복을 표현한다.

이 기도에 추상적인 단어는 하나도 없다. 명사는 구체적이고, 동사는 직접적이다. 모든 것은 인격적이다. 하나님이 인격적이시고, 기도자도 인격적이고, 경험은 즉각적이고, 관계가 문제의 중심이 되며, 공포와 신뢰의 정서는 강하게 표현된다. 바로 언어 1이다. 이것은 우리의 생명과 안녕과 가장 심오한 관심사 — 정체성, 건강, 사랑, 죄책, 신뢰 — 가 위기에 처했을 때 우리가 항상 사용하는 근원적인 언어다. 여기에 하나님에 관한 단순한 정보란 없다. 여기에 하나님을 만족시키고자 하는 프로그램이란 없다. 이것은 구원받은 자의 외침으로 발전해 가는 생존을 위한 부르짖음이다.

근원적이란 말은 초보적이란 말이 아니다. 근원적인 것이 다른 시편에서 비탄과 찬양곡, 서정적 노래와 예리한 지혜라는 세련된 예배로 발전한다. 그러나 이 모든 것은 곤경의 때, 즉 몸이나 영혼이 고통 중에 있을 때 시작된다. 그러나 이러한 고통은 결국 감사로 변할 것이다. 보석과도 같은 진리는 항상 "도와주세요!"와 "감사합니다!"라는 근원적인 한마디 속에 있다.

## 언어의 회심

우리는 시편을 통해 하나님에 **대하여** 말하는 것으로부터 하나님**께** 말하도록, 즉 언어의 회심을 가져오도록 훈련받는다. 성 안셀무스(St. Anselm)가 자신의 신학을 비판적으로 재집필한 책은 언어의 회심에 관한 획기적인 사례인데, 시편이 그 방편을 제공했다. 그는 『모놀로기온』(Monologion)을 쓰면서 대단히 명석하고도 힘차게 하나님의 존재를 증명했다. 그것은 서양에서 이룬 빛나는 신학적 성취 중 하나다. 그러나 그는 자신이 하나님에 관해서 옳은 말을 많이 했다 할지라도 그 모두가 잘못된 언어로 쓰였음을 깨달았다. 그는 『프로슬로기온』(Proslogion)에서 모든 것을 다시 쓰면서 언어 2를 1인칭 언어, 즉 하나님에 대한 응답 그리고 인격이신 하나님과의 개인적 대화 등에서 사용되는 언어 1로 변환했다. 『프로슬로기온』은 기도로서의 신학이다.[6]

기도할 때 우리는 정보와 동기 부여의 언어 사용을 그친다. 신앙생활이 모든 차원의 실존으로 하나님을 섬기고 하나님께 영광을 돌리는 것이라면, 신앙생활에서 모든 언어를 자신 있게 사용할 능력이 필요하다. 그러나 하나님과 인간, 믿음과 부조리, 사랑과 무관심이 일상의 분주함 속에 얽혀 있는 우리 삶의 중심부 혹은 그 근처에서 우리가 능숙해져야 할 언어는, 우리의 언어를 가능한 한 많이 사랑, 반응, 친밀함의 언어가 되도록 하는 개인적 관계의 언어다. "아바, 아버지여!"

# 4장

## 기도와 이야기

내가 잊어버린 바 됨이 죽은 자를 마음에 두지 아니함 같고 깨진 그릇과 같으니이다.
내가 무리의 비방을 들었으므로 사방이 두려움으로 감싸였나이다.
그들이 나를 치려고 함께 의논할 때에 내 생명을 빼앗기로 꾀하였나이다.
여호와여 그러하여도 나는 주께 의지하고 말하기를
주는 내 하나님이시라 하였나이다.
나의 앞날이 주의 손에 있사오니.
시편 31:12-15

보라, 우리가 예루살렘으로 올라가노니
인자가 대제사장들과 서기관들에게 넘겨지매 그들이 죽이기로 결의하고
이방인들에게 넘겨주어 그를 조롱하며 채찍질하며 십자가에 못 박게 할 것이나
제삼 일에 살아나리라.
예수님, 마태복음 20:18-19

우리에게 필요한 것은…우리 삶이 어떤 패턴을 향해
가고 있다는 믿을 만한 소식이다.
그 소식은 지금 이곳은 비극적이라도
결국은 전체를 보시고 **마침내 그분의 뜻을 이루시는**
신의 마음 가운데서 기뻐하게 되리라는 것이다.
우리는 오로지 완벽한 이야기를 갈망한다.
그런 소란스러운 갈망을 담아 ─ 농담, 일화, 소설, 꿈, 영화, 연극, 노래,
우리가 매일 하는 말의 거의 절반을 통해 ─ 우리 삶을 이야기하거나 들으면서도,
우리는 진실이라고 느끼는 짧은 이야기 하나만으로 만족한다.

레이놀즈 프라이스(Reynolds Price)

사실상 시편의 첫 번째 기도인 시편 3편은, 이 시를 역사의 한 장면 속으로 연결해 주는 문구로 소개된다. "다윗이 그의 아들 압살롬을 피할 때에 지은 시." 성경을 읽는 사람이라면 누구나 이 이야기를 잘 알 테고, 이 꾸밈없는 단 한 문장으로 인해 우리는 그 이야기를 떠올린다. 압살롬은 반란을 일으켰고, 다윗은 목숨을 보전하고자 광야로 도망쳤다. 내전이 이어졌고, 아비는 아들과 싸웠고 아들은 아비와 싸웠다. 다윗은 아들의 죽음이라는 엄청난 대가를 지불하고 다시 왕좌를 찾았지만, 그로 인해 심히 애통해했다.

다윗의 인생은 온통 이런 사건들로 가득 찼다. 모든 인생이 그렇다. 우리 대부분은 다행히도 반란이나 아들의 배신 같은 사건을 경험하지는 않지만 갈등과 실패와 두려움, 사랑과 배신, 상실과 구원을 경험한다. 하루하루는 하나의 이야기다. 나름대로 목적을 두고 자기 일을 하는 사람들, 전쟁에 나가는 사람들, 사랑을 나누는 사람들, 생계를 꾸려 가는 사람들, 궤계를 꾸미고 죄를 짓고 믿는 사람들에게, 아침에 시작되어 저녁에 끝나는 하루는 어떤 경계선이 된다. 그러나 모두가 연결되어 있다. 의미는 어디에나 있다. 이런 하루하루가 쌓여 인생이 되고 이야기가 된다.

시편 3편은 그 표제가 이야기해 주듯이 이야기 한가운데서 드려진 기도다. 모든 기도가 이야기 속에 있는 누군가에 의해 이야기 속에서 드려진다. 이야기 없는 기도는 없다. 몸이 영혼이 자리 잡은 환경이듯, 이야기도 기도가 자리 잡는 환경이다. 영혼 없는 몸이 죽은 것이나 마찬가지듯, 기도 없는 이야기도 죽은 것이나 마찬가지다. 기도는 이야기를 살아 내는 사람들이 드린다. 모든 삶은 이야기다. 우리는 이야기를 살아 내고 있음을 항상 의식하지는 못한다. 이야기는 종종 아무렇게나 작성된 목록에 더 가까운 것 같다. 그러나 그것이 이야기다.

## 편집 작업

서른네 편을 제외한 나머지 모든 시편에는 각 시편을 이야기 속으로 집어넣어 주는 서론 격의 문장이 있다. 가끔 그런 언급은 친숙한 성경 이야기와 분명하게 연결된다. 그러나 가끔은 우리가 분명하게 이해하기 어려운 지침들을 담고 있다. 그 지침들은 이스라엘 이야기에서 가장 중요한 활동인 예배에서 각 시편이 어떻게 사용되거나 불려야 하는지에 관한 것이다. 그러나 그 서론 격의 문장이 누군가의 삶(대개는 다윗의 삶)과 연결되건, 이스라엘의 성전 예배 지침이건, 그 문장은 기도를 역사적인 것 즉 장소나 시간 혹은 사람과 묶어 준다. 기도는 이런 표제들에 따라 친구와 원수의 세계, 질병과 건강의 세계, 노래와 축하의 세계로 연결된다.

    흥미롭게도 이 시편의 표제 중 그 무엇도 우리에게 시편의 기원에 관해서 말해 주지 않는다. 그것들은 전부 후대에 이름이 알려지지 않은 편집자들이 첨부한 것이다. 이 사실은 최근 100년 동안 시편 연구에 혼신을 기울인 학자들이 동의하는 바다. 이는 아주 인상적인 의견 일치다. 다윗이 시편의 일부를 쓴 사실은 분명하지만, 우리는 무엇이 그가 쓴 시편인지는 확실히 모른다. 누가 시편을 썼고 시편을 쓴 사람들이 어떤 환경 가운데 있었는지를 모른다는 사실은 실망스럽다. 그러나 그 실망을 상쇄하는 것이 있다. 우리는 그 시편들이 어떻게 사용되었는지에 대해 이전보다 더 많이 알고 있다. 시편은 하나님의 백성, 우리 조상 이스라엘의 예배를 보여 준다. 놀라운 활력과 다양성을 드러내는 이 예배 공동체의 모습을 보여 준다. 누가 시편을 썼고 왜 썼는지에 대해서는 생각보다 별로 알지 못하지만, 기도가 드려진 환경과 방식에 대해서는 많이 알고 있다면, 그 시편들을 자세히 연구하는 것보다는 그대로 기도하는 것이 그리스도인의 주요 과제일 것이다.

그렇다면 왜 표제를 붙였는가? 그 용도는 무엇인가? 그것들이 시편 저자들이 붙인 것이 아니라 편집자들의 작업이라면, 우리는 그것들을 무시하고 우리가 확실하다고 믿는 시편 자체를 다루어야 하는 것이 아닌가? 그러나 시편의 편집 작업은 시간상 저술 후에 일어났지만, 결코 부차적이지 않다. 그것은 우리의 기도 교과서에 없어서는 안 된다. 기도 생활에 관한 한 시편 편집자들의 작업은 시편 저자들의 작업만큼이나 중요하다. 우리는 편집자들이 우리로 기도를 준비하도록 시편 1, 2편을 앞부분에 위치시킨 의미를 이미 살펴보았다. 116개의 시편에 표제를 붙이는 이러한 두 번째 편집 활동도, 영화된(spiritualized) 기도라는 보편적이고 치명적인 실수를 하지 않도록 하는 데 마찬가지로 매우 중요하다.

## 다윗 이야기

영화된 기도란 인간성이 박탈된 기도, 일상생활의 잡다하고 시끄러운 모든 것이 제거된 기도다. 그것은 감정을 고조하고 고상한 생각을 고양하는 기도다. 그것은 24시간 대부분을 장악하는 하찮은 주제들에 대해서는 당혹스러워하지만, 장엄한 경구들에서는 큰 즐거움을 느끼는 기도다. 그것은 천사들이 거하는 하늘 최상층으로 가는 정기 항공편을 탄 현실 도피주의자의 기도다.

우리가 이런 환상에 약하다는 사실을 아는 시편 편집자들은 표제들을 사용해서 기도라는 풍선을 이야기 속의 사람들과 묶어 준다. 사람들의 삶이란 언제나 그리고 어쩔 수 없이 세세한 것들이고, 그 세세한 것들은 보통 불편하고 불규칙적이기 때문이다. 가장 흔하게 등장하는 끈은 그저 "다윗의"라는 말이다. 일흔세 개의 시편에 그렇게 명시되어 있다. '다윗의 시' 혹은 '다윗을 위한 시' 혹은 '다윗의 전통을 따른 시'로. 히브리어 '르다위드'(*l'dawid*)는 그 뜻이 명확하지 않다. 일부는 그가 쓴 시고, 또 다른 일부는 그를 기념하여 쓴 시며, 대부분은 그를 의식한 상태에서 쓴 시다. 그는 이스라엘에서 기도문을 쓴 사람 중 가장 출중했다. 그는 누구에게나 '이스라엘의 감미로운 시인'으로 기억되었다.

다윗의 이름으로 되어 있다는 것은 특히나 다행스러운 일이다. 다윗의 인생 이야기는 성경 전체에서 가장 파란만장한, 아니 아마도 전 세계 역사에서 가장 파란만장한 이야기일 것이다. 그것은 또한 성경에 가장 광범위하게 소개된 이야기다. 우리는 성경 신앙 공동체에 속한 다른 누구보다도 다윗에 대해 많이 안다. 우리는 다윗의 유년기, 성인기, 노년기의 이야기를 모두 들었다. 독신이었을 때와 결혼했을 때의 삶, 전쟁 중일 때와 평화로웠던 때의 그의 행동, 가장 거룩한 모습과 더러운 죄를 지었던 모습, 우정과 배신, 전쟁에서의 큰 승리와 가슴 찢어지는 비극에 관한 이야기를 들어 왔다. 인간 조건의 숨 막히는 전모가 이 다윗 이야기에서 지평을 넓힌다. 우리 삶의 어떤 부분에 대해서든 우리는 그의 인생 이야기에서 조명되거나 격려를 얻거나 책망받는다.

성경에서 가장 광범위하게 나오는 이 사람은, 기도에서도 최고의 명인으로 드러난 바로 그 사람이다. 그의 삶 외면은 이야기를 통해 들을 수 있고 그의 내면은 기도를 통해 들을 수 있다. 사무엘서와 열왕기서는 다윗 이야기의 플롯을 제시해 주고, 시편은 그의 내적 열정을 보여 준다. 우리는 우리 삶의 이야기에서 한걸음 물러나 이러쿵저러쿵 말만 하는 구경꾼이 될 수도 있다. 그러나 기도는 그 이야기 속으로 들어가는 방법이며, 이야기의 의미를 받아들이고 심화하는 방법이다. 믿음은 인간의 행동 중 가장 내면의 것이다. 우리는 기도를 통해 우리의 신실하지 못한 부분들에 거룩함/건강함을 접붙이며 또 그것으로 빈 곳을 채운다.

또 기도하는 사람들에게는 바로 다윗이 평신도였다는 점이 중요하다. 그는 (당시 세 가지 종교적 직업인) 선지자도, 제사장도, 지혜자도 아니었다. 그는 목자였고 게릴라 전사였고 궁중 음악가였으며 정치가였다. 생애 동안 그는 우리가 실수로 세속적인 것이라 부르기 쉬운 신성한 일상을 살았다. 기도가 이루어지는 일반적인 장소는 일상이다.

다윗 이야기와 연결된 일흔세 개의 시편 가운데서 열세 개만이 그의 삶에서 일어난 특정 사건을 언급한다. 이 문구들은, 사람들이 기도할 때 가지려 노력하는 '하나님을 구하는 마음'을 소유한 이 인물의 이야기 속 다양한 면면에 분명하게 초점을 모은다.

시편 3편: 다윗이 그의 아들 압살롬을 피할 때에

시편 7편: 베냐민인 구시의 말에 따라 여호와께 드린 노래

시편 18편: 여호와께서 다윗을 그 모든 원수들의 손에서와 사울의 손에서 건져 주신 날에

시편 34편: 다윗이 아비멜렉 앞에서 미친 체하다가 쫓겨나서

시편 51편: 다윗이 밧세바와 동침한 후 선지자 나단이 그에게 왔을 때

시편 52편: 에돔인 도엑이 사울에게 이르러 다윗이 아히멜렉의 집에 왔다고 그에게 말하던 때에

시편 54편: 십 사람이 사울에게 이르러 말하기를 다윗이 우리가 있는 곳에 숨지 아니하였나이까 하던 때에

시편 56편: 다윗이 가드에서 블레셋인에게 잡힌 때에

시편 57편: 다윗이 사울을 피하여 굴에 있던 때에

시편 59편: 사울이 사람을 보내어 다윗을 죽이려고 그 집을 지킨 때에

시편 60편: 다윗이 아람 나하라임과 아람소바와 싸우는 중에 요압이 돌아와 에돔을 소금 골짜기에서 쳐서 만 이천 명을 죽인 때에

시편 63편: 유다 광야에 있을 때에

시편 142편: 다윗이 굴에 있을 때에

이 목록에서 두 가지가 두드러진다. 첫째, 각각의 사건은 고통스러웠다. 왕의 직무실을 상상할 만한 제왕 시편(royal psalm)은 단 하나도 없다(18편만 부분적으로 예외다). 제시되는 다윗 삶의 면면은 그가 모든 인류가 겪는 어두운 통로를 통과하며 분투하던 순간들을 보여 준다. 이는 기도가 곤경 가운데서 시작된다는 앞에서의 확신을 확증해 준다. 우리는 어려운 상황에서 기도한다. 이 시편들에 찬양도 많지만, 기도를 시작하게 하는 것은 곤경이다. 우리의 기도 스승들은 편집자의 본능으로 기도를 곤경이 일어난 장소와 묶는다. 이제 우리는 장애물 하나를 넘는다. 즉 괴로운 일을 피하기 위해 기도의 길로 가야 한다고 생각한다면, 이 표제들이 이런 생각을 바로잡아 줄 것이다.

둘째, 이 목록은 무작위로 정리되었다. 모든 시편을 다윗 삶에서 일어난 사건과 연결하려거나, 각각의 사건이 일어났을 때 다윗이 어떻게 기도했는지 세세하게 보여 주려거나, 그 기도가 모든 상황에 적절한 것임을 증명하려는 시도는 없다. 열세 개의 시편 표제는 펌프에서 물이 나오게 하려고 먼저 붓는 소량의 마중물과 같다. 이것들은 우리가 기도를 시작하게 한다. 이것들은 무엇이 가능

한지를 보여 준다. 그러나 우리 일을 모두 대신해 주지는 않는다. 이제 그것들을 우리 이야기에 끼워 넣는 것은 우리가 할 일이다.

시편의 표제들은 다음과 같이 말하며 우리의 주의를 끈다. "기억하라. 이것은 당신이 그 속에 들어 있는 **이야기**다. 우리는 기도함으로써 우리의 죄, 원수, 가족과 관련된 어려운 일에서 벗어나는 것이 아니라, 오히려 그 속으로 더 깊이 들어간다. 그 어려운 일들이 더 쉬워지는 것이 아니라, 더 많은 것을 요구함을 알게 될 것이다. 당신은 영화되거나 그 모든 것을 초탈해서는 안 된다. 당신은 이제 더는 외부인이 아니다. 당신 자신과 다른 사람과 하나님에게 다가가는 내부인이다."

시편을 연구하거나 시편으로 기도한 사람들은 이런 '이야기화 작업'(storying)을 계속했다. 마침내 유대교와 기독교의 주석가들은 모든 시편에 대해 누군가의 삶(보통 대부분은 다윗의 삶이지만)과 관련된 역사적 배경을 제시했다. 기도를 이야기 속으로 끼워 넣으려는 충동이 너무 강해서 결국은 모세, 솔로몬 그리고 다른 몇몇에게서 기인한 시편들을 포함해서 모든 기도가 다윗 아래로 모이게 되었다. "모세에게서 율법이 나왔고, 솔로몬에게서 지혜가 나왔듯이, 다윗에게서 이스라엘의 시편들이 나온 것으로 여겨지게 되었다."[1] 사무엘서의 고대 히브리 사본은, 독자들이 다윗 인생의 면면에 관련된 시편을 염두에 둘 수 있도록 여백을 남겨 놓았다.[2] 이렇게 시편을 다윗 이야기와 연결하려는 끈질기고도 철저한 노력으로 시편은 모든 이야기에 곧장 다가갈 수 있게 되었다. 여기서 우리는 "생이 이루어지는 삶의 가장자리와 골짜기"[3]에 대한 감각을 얻는다.

그리고 각각의 오묘하고 국지적인 특수성을 끌어안으면서 기도는 성숙한다. 그것들은 다윗이라는 사람의 입을 통해 하나님이 각 사람의 상황에 주시는 개인적인 말씀이 된다. 생각해 보면 그 표제들은 시편에서 우리를 분리시키는 방식으로, 시편들을 고대 과거에 묶어 버릴 수도 있었다. 그러나 그 반대 현상이 일어났다. 기도는 모든 개인을 위해 인간화되었고, 역사화되었다.

## 큰 이야기

시편을 계속 읽어 보자. 우리는 이제 곧 편집 작업의 세 번째 표시에 이르게 된다. 우리는 시편 41편 끝부분에서 이런 구절을 읽는다. "이스라엘의 하나님 여호와를 영원부터 영원까지 송축할지로다. 아멘 아멘." 이는 마치 결론처럼 보인다. 그러나 그렇지 않다. 다른 시편들이 이어지기 때문이다. 또 계속 읽다 보면 시편 72편 끝에 "다윗의 기도가 끝나니라"라고 나오는 것을 발견한다. 이것 역시 결론처럼 들리지만, 시편은 계속된다. 마침내 시편 150편으로 이 모음집이 끝나기까지 우리는 결론 문구를 두 번(89:52과 106:48) 더 만난다. 결론들을 세어 보자. 모두 다섯 개다. 150편의 시편은 다섯 '권'으로 정리된다. 편집자들이 한 일은 무엇인가? 사실 '편집자'라는 말은 오해의 소지가 있다. '영적 대가'라는 말이 좀 더 알맞다. 그들은 우리가 건강한 기도 생활을 영위하도록 기도문들을 지혜롭게 정리해 놓았다. 우리는 신실한 지성이 우리가 저지르는 또 다른 흔한 실수인 주제넘은 기도에 빠지지 않도록 일하고 있음을 알아차린다.

주제넘은 기도란 하나님께 귀 기울이지 않고 먼저 말부터 하는 기도다. 이런 기도는 하나님을 향한 인간의 말은 과도하게, 열망하듯, 혹은 과장하여 부풀리고 우리를 향한 하나님의 말씀에 대해서는 기껏해야 산만하고 무심하거나 변덕스러운 관심만을 보인다. 그러나 우리가 그분에게 아뢰기 전에 하나님은 우리에게 말씀하신다. 먼저 듣지 않고 기도한다면 우리는 맥락과 상관없는 기도를 드리게 된다.

이런 주제넘은 기도를 하지 않기 위해 시편은 다섯 권의 책으로 편집 정리되었다. 기도가 모세오경의 다섯 책에 대한 반응임을 보여 주면서 말이다. 우리 삶의 이야기는 창세기, 출애굽기, 레위기, 민수기, 신명기라는 모세오경의 다섯 책에서 그 고전적 형식을 이어받았다. 삶은 시작(창세기)부터 완성(신명기)에 이르기까지 하나님이 만드시고 구속하시고 공급하시고 복 주시는 말씀의 결과다. 하나님의 말씀은 권위가 있다. 이는 일을 이루는 근원이다. 이에 따라 이 세상과 우리 삶은 서사 형식을 갖고, 구원을 골자로 하는 이야기가 생겨난다. 그러므로 우리는 우리의 개인적인 이야기들을 의식하며(다윗의 삶이 시사하듯) 기도해야 할 뿐 아니라, '옛날 옛적 이야기', 즉 구원 이야기를 배경으로 삼고 기도해야 한다. 우리의 일상도 서사 형식을 띠지만, 성경 전체(우리 삶의 더 넓은 맥락) 또한 서사 형식 속에 있기 때문이다.

언어는 본질상 독백이 아니라 대화다. 하나님은 그분의 이야기 속에 있는 사람들에게 자신의 구원 계획을 강요하시지 않는다. 그분은 응답을 듣고자 말씀하신다. 이야기 속의 각 개인들(우리 모두 그 안에 있다)의 성품은, 이렇게 대화를 주고받는 가운데 각각 고유의 리듬으로 자체의 속도를 따라 내면으로부터 형성된다. 우리는 하나님이 우리에게 말씀하고 계시는 구원의 세계 속에 있다. 그러면 우리는 어떻게 응답하는가? 우리는 이 언어에 익숙하지 않다. 그런 우리를 위해 시편은 응답의 어휘를 가르치고 훈련하며 그에 침잠하게 한다. 이는 말을 주고받을 때 우리 편에서 해야 하는 일이며, 하나님의 형상을 입고 그리스도의 피로 구속받은 우리 존재는 이런 어휘들을 통해 내적으로 성숙해 간다.

'모세'는 우리를 부르시는, 즉 우리를 존재하게 하시고 심판하시고 구원에 이르게 하시는 하나님의 말씀을 들려준다. '다윗'은 우리가 담당할 응답의 말을 제시한다. 이는 하나님을 신뢰하며 항의하고 애통하며 찬양하며 그분께 부르짖는 것이다. 다섯 권으로 이루어진 시편은 다섯 권의 모세오경에 대한 응답의 노래(antiphonal)로 제시된다. 기도하기 위해 모아 쥔 손가락들처럼 다섯 개가 다섯 개와 짝을 이룬다.

기도는 어디에서나 할 수 있으며 언제나 응답하는 말로 표현된다. 그것은 결코 시작하는 말이 아니다. 그것은 주제넘은 생각이다. 성경을 의미하는 히브리어 단어 '미크라'(*miqra*)는 '외침', 즉 우리를 향한 하나님의 외침을 의미한다고 보는 것이 적절하다. "하나님은 인간이 되셔야만 한다." 그러나 우리가 그분에게 응답하며 말하게 하려면 그분은 우리를 인간으로 만드셔야 한다. 때로는 화가 나서 그분이 이 세상을 다스리시는 방식에 대해 그분과 논쟁을 벌이기도 하고, 때로는 감사 가득한 신뢰로 그분 앞에서 우리 자신을 낮추기도 하며 하나님께 응답할 때 우리는 진정한 우리 자신이 된다. 기도는 우리 안에 있는 모든 것에 대해 말할 수 있는 언어며 우리에게 들려 온 최고의 말씀에 반응하는 데 사용되는 언어다. 기도는 우리의 말이 성숙하는 과정이며 우리에게 포괄적으로 말씀하시는 그분에게 응답하는 데 적합한 언어다. 기도는 특별한 경우에 편협하게 사용되는 언어가 아니라 모든 것, 모든 사람, 모든 장소를 전체적으로 포괄하는 보편 언어다. 이런 대화는 대담하면서도 경건하다. 가장 낮은 존재가 가장 높은 존재에게 응답하는 것이기 때문이다. 우리는 이런 의사소통을 하며 인격이 된다. 신앙생활은 그 전체가 대화다. 우리는 시편을 통해 그 대화에서 우리 목소리를 발견한다. 우리는 기도하면서 감정만을 아뢰는 것이 아니라 우리의 응답을 말로 표현한다. 우리는 응답할 수 있다. 우리는 응답하도록 허락받았다. 우리가 진정으로 하나님께 응답한다면 그분께 못할 말은 없다.[4]

그러나 주목해야 할 것이 있다. 이 응답은 판에 박힌 말이 아니다. 모세오경의 첫 번째 책과 시편의 첫 번째 책이 구절별로 일대일 대응하는 것은 아니다. 편집자가 우리에게 정리해 준 것은, 예를 들어 창세기 19장에 대한 응답으로 시편 19편이 기계적으로 대응하는 따위의 어구집이 아니다. 오히려 우리가 받은 것은 대화하는 데 적절한 언어에 침잠하여 듣고 응답할 수 있는 배경이다. 교리문답서는 별로 소용이 없을 것이다. 그것은 살아 있는 사람들의 대화가 아니기 때문이다. 우리는 삶의 변화와 신앙 성숙 수준에 따라 하나님이 성경과 그리스도를 통해 우리에게 하신 말씀에 정확하게 반응하는 개인적인 언어를 배워 간다. 하나님이 말씀하시는 모든 것에 응답하기 위해서는 충분히 인간적이고 충분히 포괄적인 어휘와 구문론이 필요하다.

이렇게 조심스럽게 정리된 다섯 권의 책은, 우리가 의도하든 의도하지 않든 주제넘은 일을 하지 않도록 또 하나님의 말씀에 귀기울이고 응답하는 것이 아닌 다른 방식으로 기도하지 않도록 조용하지만 단호하게 우리를 독려한다.

### 독특한 이야기

효과를 위해 플롯을 인위적으로 조작하는 데만 신경 쓰는 이야기가 있다. 이런 이야기는 등장인물의 발전 양상이나 배경을 다듬고 가꾸지 않는다. 모든 것이 외적이다. 형식, 사건, 행동만 있을 뿐이다. 머리 좋은 작가는 같은 이야기를 구조만 조금 바꿔서 여러 번 다시 쓸 수 있다. 그래서 스파이 이야기, 연애 이야기, 탐정 이야기, 우주 여행자 이야기들로 수백만의 게으른 독자들을 만족시킨다. 그러나 진짜 작가는 이렇게 하지 않는다. 그들의 작업은 내면에서 우러나온다. 세상의 존재 방식을 파헤치고, 서서히 이루어지는 인격의 발달, 죄가 우리 마음속에서 일으키는 길고도 미묘한 변화, 은혜의 은밀한 움직임을 끈질기게 폭로한다. 이런 작가들은 작품에 자신이 주제넘게 나서지 않으며 값싼 효과를 위해 손쉬운 길을 택하지도 않는다.

또 정형화된 형태로 복음 이야기를 하는 유형의 종교적 권면도 있다―제임스 본드식으로 각색된 구원 같은 것 말이다. 이런 이야기는 지루함에서의 탈피를 약속하고 믿음의 내면화를 요구하는 언급 따위는 빼 버리자는 제안과 주장을 저속하게 조합한 것이다. 이런 이야기는 고통을 겪으며 성장한 자아는 배제한 채 우리 안에 있는 사춘기의 자아에 호소한다. 사춘기 때는 실제보다 몇 년 앞선 성인의 겉모양을 흉내 낸다. 몇 년 동안 모든 청소년이 거의 똑같이 보고 행동하고 말한다. 그들에게는 내면을 개발할 시간이 없다. 이는 여러 해가 필요한 일인데, 많은 이가 절대로 그렇게 하려 하지 않는다. 청소년기가 나쁠 건 없다. 그 시기는 매우 황홀하지만, 그 상태에 계속 머무르는 건 우스꽝스럽다. 형식은 꼭 필요하지만 내용이 채워지지 않으면 결국 거짓이다. 그러나 내용을 채우는 데는 시간이 필요하다. 이 사람들은 구원 이야기 형식을 취하지만, 내용을 채우지 못하거나 그것을 기도로 채우지 못한다. 전체 플롯은 있지만, 인물은 없는 채로 끝마친다.

우리는 외면과 함께 내면도 개발해야 한다. 우리는 구원 이야기의 개요는 예상할 수 있지만, 구원받는 개별 인물은 절대로 예상할 수 없다. 그것은 언제나 독특하며 이 독특성은 기도로 조각된다. 성령께서 허락하신다면, 우리는 하고 싶은 경우에만 우리 삶의 몇몇 요소를 골라서 내면화하고자 할 것이다. 그러나 시편은 그것을 허락하지 않는다. 시편은 구원 이야기 속의 모든 것, 즉 인간 상황의 모든 음계를 엄밀하게 내면화한 것이다.

이야기를 만드는 일은 강렬하고 인격적인 참여를 요구하는 창조적 작업이다. 우리 문화에서 가장 일반적인 이야기 쓰기는 신문 기사 양식이다. 이것은 개인적인 것과는 거리가 먼, 차갑게 정보를 전달하는 형식이어서 우리는 이것을 안전하게 읽을 수 있다. 또 다른 흔한 예가 있다면 업무 목록과 그 결과를 서술한 작업 보고서다. 이는 우리가 누구인지와는 상관없이 우리가 매일 한 활동 목록을 나열한다. 충분히 정교하게 만들어진 로봇이 우리 대신 그 자리를 차지할 수도 있을 것이다. 신문 기자들은 우리의 지성을 사용해야 하는 단어들을 사용하고, 작업 감독은 우리의 몸을 사용해야 하는 단어들을 사용한다. 반면 이야기를 만드는 사람은 우리의 상상력, 내면화, 몸과 마음의 통합을 끌어낸다. 그렇게 우리는 기도의 출발선에 선다.

하나님은 말로 일하신다. 그분은 구원 이야기를 그려 내는 데 단어들을 사용하신다. 그리고 우리를 그 이야기 속으로 끌어들이신다. 그분을 믿을 때 우리는 그 플롯 속에 기꺼이 참여한다. 우리는 마지못해 최소한의 시늉만 하며 그렇게 할 수도 있다. 혹은 앞뒤 가리지 않고 확실하게 그 관계와 행위 속으로 우리 몸을 던지며 그렇게 할 수도 있다. 이렇게 할 때 우리는 기도한다. 이야기의 핵심에 있는 그 대화에 능숙해지도록 단어와 구를 연습한다. 우리는 우리 속에서 그리고 우리 주위에서 구원 이야기를 그려 가시는 하나님의 언어 창조 행위에 자유롭게 응답하는 방식을 개발해 나간다.

5장

# 기도의 리듬

여호와께서 달로 절기를 정하심이여 해는 그 지는 때를 알도다.
주께서 흑암을 지어 밤이 되게 하시니 삼림의 모든 짐승이 기어 나오나이다.
젊은 사자들은 그들의 먹이를 쫓아 부르짖으며 그들의 먹이를 하나님께 구하다가
해가 돋으면 물러가서 그들의 굴 속에 눕고
사람은 나와서 일하며 저녁까지 수고하는도다.
시편 104:19-23

수고하고 무거운 짐 진 자들아 다 내게로 오라. 내가 너희를 쉬게 하리라.
나는 마음이 온유하고 겸손하니 나의 멍에를 메고 내게 배우라.
그리하면 너희 마음이 쉼을 얻으리니
이는 내 멍에는 쉽고 내 짐은 가벼움이라 하시니라.
예수님, 마태복음 11:28-30

자연과 인간의 공시성(synchronicity)의 결핍은
몸과 영혼의 공시성의 결핍을 초래했다.
나이팅게일의 노랫소리가 들리지 않을 때, 화염병이 불탄다.


오디세우스 엘리티스(Odysseas Elytis)

창세 전 우주의 상태는 우리의 내면세계다. 그것은 '토후'(*tohu*)와 '보후'(*bohu*), 즉 혼돈과 공허다. 세상도 정돈되지 않은 상태고, **우리**도 정돈되지 않았다. 우리의 감정은 충동적으로 마구 날뛴다. 우리 생각은 제멋대로 뻗어 나간다. 몸은 상처 입었다. 욕망은 덕을 파괴한다. 아무래도 우리는 단 10분도 우리의 운명을 품위 있고 현명하게 다스릴 수 없을 것 같다.

그래서 우리는 기도한다. 시편의 안내를 받아, 우리는 듣는 일에서 기도를 시작한다. 무엇을 듣는가?

> 하나님이 이르시되 빛이 있으라 하시니…
> 저녁이 되고 아침이 되니 이는 첫째 날이니라.
> 하나님이 이르시되 물 가운데에 궁창이 있어…
> 저녁이 되고 아침이 되니 이는 둘째 날이니라.
> 하나님이 이르시되 천하의 물이 한곳으로 모이고…
> 저녁이 되고 아침이 되니 이는 셋째 날이니라.
> 하나님이 이르시되 하늘의 궁창에 광명체들이 있어…
> 저녁이 되고 아침이 되니 이는 넷째 날이니라.
> 하나님이 이르시되 물들은 생물을 번성하게 하라…

저녁이 되고 아침이 되니 이는 다섯째 날이니라.

하나님이 이르시되 땅은 생물을 그 종류대로 내되⋯

저녁이 되고 아침이 되니 이는 여섯째 날이니라. (창 1:3-31)

무질서는 서서히 질서로 바뀐다. 혼돈은 우주가 된다. 언어에는 리듬이 있다. 즉 가락과 반복과 각운이 있다. 하나님은 말씀으로 세계를 존재하게 하신다. "그가 말씀하시매 이루어졌으며 명령하시매 견고히 섰도다"(시 33:9). 리듬 있는 언어는 리듬 있는 세계를 만들어 낸다.

우리의 삶에도 이야기에도 모두 리듬이 깃들어 있다. 우리 몸속에도 세계 속에도 리듬이 가득 차 있다. 이 리듬들은 대위법을 따르듯, 계절에 맞추어 대비를 이루며 박동하고 달의 주기에 맞추어 호흡한다. 우리 삶과 이야기는 한 곡의 푸가(fugue, 하나의 주제를 따라 각 성부가 모방·반복하면서 대위법으로 좇아가는 악곡 형식 — 옮긴이)가 된다.

시는 언어의 자연스러운 리듬을 취하여 그 깊이를 더한다. 즉 언어의 소리와 의미를 우리의 호흡과 심장박동이라는 내면의 리듬에 맞추고, 그것을 날과 달, 해라는 환경의 리듬으로 확장한다. 언젠가 존 차디(John Ciardi)는 "리듬은 언어를 흔들어 신경계까지 끌어내린다"고 말한 적이 있다.[1]

모든 시편은 시 형식으로 우리에게 주어진다. 기도에는 리듬이 있다. 그 언어는 우리가 받은 은총을 우리의 호흡으로 모으고, 우리 삶의 내적 리듬을 세계와 언약이라는 외적 언어에 맞추어 조율한다. 우리 존재의 중심은 들숨과 날숨이라는 우리 생명의 리듬을 따르는 언어로 표현된다. 들숨이 없이는 날숨을 쉴 수 없다. 매일 맞이하는 오순절마다 하나님이 우리에게 불어넣으시는 호흡은 우리의 기도를 통해 밖으로 내쉬어진다. "우리가 다 우리의 각 언어로 하나님의 큰일을 말함을 듣는도다 하고"(행 2:11). 물론 우리는 몸부림치며 격분한 가운데 기도할 수도 있다. 많은 기도는 필연적으로 그런 방식으로 시작한다. 그렇지만 하나님의 창조하시는 말씀에 깃든 리듬이 우리 삶의 리듬을 제어하도록 하고 그로 말미암아 시편의 리듬에서 기도의 표현을 발견한다면, 우리는 기도를 더 잘할 수 있다. 이것이 바로 최선의 기도다.

### 저녁이 되고 아침이 되니

이런 기도의 가장 뚜렷하고 즉각적인 효과는 우리 기도의 속도가 느려지는 것이다. 우리는 시를 속독할 수 없다. 시는 성급함과는 거리가 멀다. 시를 읽을 때는 시인이 호흡하는 속도와 절을 구분하는 휴지에 맞추어 생각을(기도할 때는 우리의 삶을) 늦추어야 한다. 시편에 관한 선구적인 학자인 헤르만 궁켈(Herman Gunkel)은 "시편 본문을 읽을 때는 그 율동과 방향, 리듬과 운, 핵심 단어와 강세를 더 잘 분별할 수 있도록 크게 소리 내 읽어야 한다고 늘 주장했다. 그는 본문을 듣는 법을 알고 있었다."[2]

시는 소리와 침묵에 같은 시간이 필요하다. 모든 언어에서 침묵은 소리만큼 중요하다. 그러나 우리는 대개 침묵을 잘 견디지 못한다.

우리 입은 쉴 새 없이 말을 쏟아 내고 신성한 침묵의 풀밭을 짓밟아 버린다. 숨이 가쁠 때만 멈출 뿐이다. 왜 우리는 그렇게 많이 말할까? 왜 우리는 그렇게 빨리 말할까? 서두르는 것은 시간에 일종의 폭력을 가하는 일이다. 그러나 시간은 신성하다. 언어는 침묵을 죽이기 위한 것이 아니라, 조심스럽고 경건하게 그 안으로 들어가기 위한 것이다. 시인은 침묵 가운데 말소리가 공명하고 그 의미가 울려 퍼지도록 하면서 신중하게 말을 조합한다. 침묵이란 더는 말할 것이 없는 상태가 아니라 시간이 소리에 의미를 부여하는 한 가지 모습이다. 시는 침묵을 언어로 회복해서 다시금 유기적이고 살아 있는 말이 박동하고 호흡할 시간을 제공한다.

기도로 입을 열기 전에 우리의 열린 귀는 먼저 우리 안에서 깨달음과 통합, 선과 은총, 그리고 무엇보다도 하나님의 형상을 형성하는 말을 듣는다. 우리의 변덕스러운 반항과 어리석은 무지는 "하나님이 이르시되…그대로 되니라"는 말씀의 리듬에 흡수되고, 그 결과 창조의 리듬에 흡수된다. "저녁이 되고 아침이 되니…저녁이 되고 아침이 되니…저녁이 되고 아침이 되니…" 잠들고 일어나는 창조의 리듬 속으로.

이 리듬들은 우리가 조수를 따라 기도하도록 훈련한다. 이 기도라는 바다는, 바닷가에 선 우리가 아는 것보다 훨씬 더 많은 것을 그 깊숙한 곳에 그리고 그 너머에 품고 있다.

## 저녁 기도

우리 기도의 스승들은 저녁 기도인 시편 4편과 아침 기도인 시편 5편을 본문의 앞쪽에 전략적으로 배치하여, 우리 삶에 이 기본 리듬이 자리 잡게 하고 하나님의 말씀이 만들어 내는 운율 속에서 우리가 기도하도록 이끈다. 들숨과 날숨의 리듬은 이제 잠들고 깨어나는 리듬과 통합되고, 이 리듬을 따라 구성된 기도는 하나님이 말씀으로 그분의 사랑을 우리 안에 거하게 하실 때 우리 인격의 깊은 부분을 하나님의 깊은 목적과 조화시킨다. "그 사랑으로 태양과 별들이 운행하고"[3] "깊은 바다가 서로 부[른다]"(시 42:7).

저녁 기도가 먼저 나오고 아침 기도가 뒤따른다. 이 순서는 바뀔 수 없다. 저녁 기도를 드리고 자기도 모르는 사이 몇 시간이 지나면 아침 기도가 이어진다. 이 순서로 기도하는 이유는 히브리인들의 고집 때문이 아니라, 지구의 운행에 깃든 은혜 때문이다.

우리는 창세기 리듬에 동화된다. 그 언어, 즉 하나님이 그분의 뜻대로 바위와 원형질과 해와 바다를 생겨나게 하신 그 언어에 동화된다. 같은 언어를 통해 하나님이 그분의 뜻대로 육신과 영혼을 입은 존재, 죄 가운데 있지만 악에서 벗어난 존재를 생겨나게 하셨음을 믿으면서 말이다. 기도는 쓸데없는 장식이 아니다. 기도는 우리에게 내재한 근본을 명확히 표현한다. 그것은 '깊음 위에 있는 흑암'(창 1:2—옮긴이)을 굴복하게 하고 우리를 일깨워 여호와의 날의 빛으로 인도한다. 모든 사람은 잠을 잔다. 또 모든 사람이 잠에서 깨어난다. 태곳적부터 이어져 온 이러한 상태는, 창조주 되시며 구속주 되시는 분의 뜻이 우리 안에서 역사했음을 알게 해 준다. 자는 것 그리고 일어나는 것은 생물학적일 뿐 아니라 신학적이다. 신체적 조건은 또한 동시에 영적 상태다.

시편 4편은 자기 통제가 쉽다고 여겨지는 밝은 대낮의 세계에서 밤의 세계로 이행하는 모습을 표현한다. 밤의 세계는, 우리가 일, 사람들 심지어는 생각을 멈추고 우리 의지보다 더 큰 의지를 체험하는, 우리가 묻기 전에 미리 응답하시며 우리가 조르기 전에 먼저 행동하시는 하나님을 체험하는 세계다.

우리는 누군가의 손으로 지음받아 자궁 속에서 잠든 채 인생을 시작한다. 어둠 속에서 무기력한 채로, 우리는 그렇게 만들어졌다. 마침내 우리가 밝은 세상으로 떠나는 모험을 감행할 때도 그것은 잠자는 수동적 상태에서 벗어나는 일이 아니라, 다시 그곳으로 되돌아가는 일이다. 우리가 아주 어릴 때는 깨어 있는 시간보다 자는 시간이 더 많다. 또 우리 혼자서는 온전하게 자랄 힘도 지혜도 없으므로 다른 사람들이 우리를 키워 준다. 자라면서 점점 깨어 있는 시간이 길어지고 다른 사람들이 대신해 주던 일을 스스로 할 수 있게 된다. 사랑하고, 돕고, 아이를 기르고, 치료하고, 세우고, 가르치고, 무언가를 만드는 등 일의 세계로 들어가는 것이다. 그렇다고 해서 잠을 전혀 자지 않고 24시간 내내 활동할 수 있는 상태에까지 이를 수는 없다. 날마다 우리는 성장하고 치유받으며 창조되고 구원받기 위해, 우리의 의식을 내려놓고 의식의 세계보다 더 깊은 상태에 자신을 내맡긴다. 잠자리에 드는 것은 생물학적으로 꼭 필요한 일인 동시에 믿음의 행위다. 믿음의 사람들은 언제나 저녁 기도 시간을 기쁘게 맞았다. 그들은 혀가 만들어 내는 불협화음과 엉터리 박자의 혼란에서 떨어져 나와, 하나님의 창조와 언약 말씀에 깃든 조용한 리듬에 침잠했다.

우리 몸이 잠으로 돌아가는 것은 원래부터 정해진 바지만, 그럼에도 그것은 쉽지가 않다. 우리는 계속 깨어서 스스로를 제어하기 원한다. 무슨 일이 일어나는지 감독하기를 원한다. 저녁 기도는 우리 몸이 궁극적으로 받아들이게 하려는 일을 기꺼이 훈련하는 영혼의 의도적인 행위다.[4]

"내 의의 하나님이여 내가 부를 때에 응답하소서"(1절)라는 떼쓰는 어조의 시작 부분부터 "내가 평안히 눕고 자기도 하리니 나를 안전히 살게 하시는 이는 오직 여호와이시니이다"(8절)라는 잔잔한 결어에 이르기까지, 이 저녁 기도는 은총의 리듬을 우리 안에 회복하기 위해 여섯 개의 동사를 사용하는데, 중심부 양편에 대조를 이루는 어구 두 묶음을 하나씩 배치하여 대칭의 아름다움을 보여 준다.

먼저 나오는 대조는 헛된 일을 좋아하는 자들(2절)과 섭리를 깨닫는 자(3절) 사이의 대조다. 어떤 이들은 자신의 마음과 악마의 환상에 속아 온종일 허상을 갈망하며 그것을 필사적으로 붙잡는다. 반면 다른 이들은 그들 자신과 타인들 안에서 역사하시는 하나님의 섭리를 발견한다. 이 대조를 관찰하고 되새기다 보면 우리는 헛된 일에서 벗어나 은총 안에서 편안히 거한다.

두 번째 대조는 자신이 소유하지 못한 것을 끊임없이 구하는 자들(6절)과 하나님이 이미 주신 것을 기억하고 그분의 임재 앞에서 압도된 자들(7절) 사이의 대조다. 이와 비슷하게 성 프란치스코

살레지오(St. Francis de Sales)은 인류를 두 부류로 나누었다. 소유하지 못한 것들로 만족하지 못하는 미성숙한 이들과 소유한 것들로 행복해하는 성숙한 이들로 말이다.[5]

그러나 기도의 핵심은 명확하다. 여섯 개의 동사 묶음은, 우리 자신이 마치 우주의 주인이라도 되는 양 우리의 헛된 의지를 사람들과 주변 상황에 억지로 밀어붙이려 하는 오만함을 버리도록 한다. 그리고 하나님이 우주를 다스리신다는 사실 안에서 행동하고 하나님이 우리를 책임지시도록 순종하는 믿음을 갖게 한다.

**"너희는 떨며"**(Be angry, RSV). 완벽한 날이란 없다. 세상은 잘못되었다. 언제나 무언가 문제가 생긴다. 그중에는 앙심과 원한, 신성모독의 결과로 많은 일이 일어난다. 하루 동안 일어난 일 가운데 최악의 일을 똑바로 바라보고 분을 내라. 당신 자신이나 타인을 위해 변명하지 말라. 흠집 난 것을 종이로 감싸지도 말라. 화내는 것은 당연하다. 그러나 **"범죄하지 말지어다."** 당신의 분노가 잘못을 바로잡을 복수의 밑바탕이 되는 작업은 아니다. 세상의 잘못된 것들을 처리하는 일은 하나님의 몫이다. 당신은 그 일의 일부를 맡을 것이며, 아침이 되면 수행해야 할 과제를 받을 것이다. 그동안 하나님은 당신의 쓸데없이 간섭하려는 의지가 할 수 있는 것보다 훨씬 더 깊은 차원에서 도움을 주실 것이다.

**"자리에 누워 심중에 말하고."** 스스로에게 말하고 스스로에게 귀 기울이라. 낮 동안 우리는 여러 목소리의 집중 공격에 둘러싸여 스스로에게 이방인이 되어 지낸다. 일과 시간 동안 그럭저럭 무리 없이 사용했던 증명사진 속의 당신을 떠나서, 하나님이 창조하신 존재와 다시 사귀라. 그리고 "**잠잠할지어다.**" 더는 말할 필요가 없다. 아무 설명도, 자랑도, 변명도 필요하지 않다. 이것이 바로 당신 자신이다. 당신을 좋아하거나 좋아하지 않거나 하는 것보다 더 중요하고 일과 동안의 성취나 실패보다 더 의미 있는 무언가가 있다면, 그것은 바로 **당신**이다. 침묵 속에서, 하나님이 구원으로 품어 주시는 한 사람이 되어라.

"**의의 제사를 드리고.**" 제물은 여호와께서 그것으로 무언가를 하실 수 있도록 그분 앞에 바치는 것이다. 일단 드려진 제물은 이제 여호와의 손으로 넘겨져 그분의 뜻대로 처리된다. 그것은 이제 당신의 손을 떠났으며 더는 당신이 어떻게 할 수 없다. 당신은 이미 낮을 모두 가졌다. 이제 밤은 하나님이 모두 취하시도록 하라. 그분의 뜻은 당신이 이룬 완벽한 일이나 신문 스크랩이 아닌, 당신이 드린 제물을 취하여 일하시는 것이다. 그저 내버려 두라. 당신의 하루를 살았으니 지금은 그것을 제물로 제단에 내어놓으라. 그리고 "**여호와를 의지할지어다.**" 하나님이 우리 제물로 일하신다는 증거는 얼마든지 있다. 그분은 그것들을 변화시키신다. 히브리 제단에서는 정결케 하는 번제(purificatory burning)를 드릴 때 향과 연기가 하늘로 올라가면서 제물이 변하는 것을 눈으로 볼 수 있었다. 기독교 성찬에서 우리는 떡과 포도주를 드리고 그것을 그리스도의 살과 피로 되돌려 받는다. 이 변화는 용서와 정화를 의미한다. 즉, 우리가 죄악 된 삶을 하늘로 올려 드리면 거룩한 삶을 다시 되돌려 받는다.

간조(low tide)다. 잠에 들 때다.

## 아침 기도

시편 5편의 기도에서 우리는 잠에서 깨어난 세상의 햇살 속으로 다시 들어간다. 모든 아침은 경이롭다. "지난 일곱 낮과 밤 동안 무슨 일이 일어났는가? 언젠가 먼지 속으로 사라질 우리는 일곱 번을 그처럼 어둠 속으로 사라졌다. 우리가 아는 한, 그 사이 우리의 진정한 존재는 숨 쉬는 것들의 세상에서 잊혔다. 그리고 우리는 마치 나사로처럼 일곱 번 되살아나 새날이 밝은 후 사지와 감각이 그대로 살아 있음을 발견했다."[6]

눈을 뜨고 나면, 하루는 이미 반이 지났다. 우리가 자는 동안 하나님은 일하고 계셨다. 잠에서 깨어난 세상에는 하나님이 만들어 두신 포플러 나무와 도롱뇽, 강아지가 숨 쉬고 있다. 우리는 눈을 떠서 하나님이 어둠에서 무엇을 만들어 내셨는지를 본다. 그것은 빛이다. 그리고 생명이다.

지극히 당연한 말이지만 모든 사람이 잠에서 깨어난다. 우리는 눈을 뜨고 사지를 쭉 편다. 그러고 나면? 우리가 잠자는 동안 우리 몸에 심긴 리듬을 계속 유지하고자 한다면, 우리는 우리를 창조하시고 빛으로 인도하신 하나님의 말씀에 응답하고 우리의 응답을 들어 달라며 그분께 기도해야 한다. "귀를 기울이사…헤아려 주소서.…들으소서.…내가 주께 기도하나이다." 시편 5편을 여는 구절들이 연주하는 이 사중주는 하나님이 들으시리라는 기대감을 조화롭게 표현하고 있다. "참된 기도는 하나님이 들어주실 것을 확신한다.…우리는 우리가 구하는 바가 가치 있는지, 권능 있고 진실한지는 의심할 수 있지만, 하나님이 들으신다는 것은 의심하지 않는다.…우리가 구하는 데에 능숙하기 때문이 아니다. 하나님이 우리 기도를 들으시기 때문이다."[7]

아침 기도는 활동을 시작하기 위한 채비다. 하나님이 그분의 뜻대로 우리 안에서 일하시도록 하는 수동성이 첫째가는 태도지만, 세상을 살아가는 우리 안에서 역사하시는 그분의 뜻에 순종하며 이루어지는 활동성 또한 매우 중요하다. 그러나 우리의 활동성은 수동성과 이어져야 한다. 잠에서 깨어나 활동을 시작할 때, 자는 동안의 경험을 내어 버리는 우를 범해서는 안 된다. 시편 5편은 은혜의 수동성과 순종의 활동성을 잇는 다리가 된다. 그 다리는 자칫하면 발을 헛디딜 만큼, 심지어 건너다가 떨어지기 십상일 만큼 좁다.

환하게 빛이 비치는 활동의 세계는 위험하다. 시편 5편은 우리에게 분별력과 판단력을 가르친다. 시편 기자는 행악(4-6절)과 순종(7-8절)이 가져올 결과를 대조한 뒤, 거짓말쟁이 및 아첨꾼(9-10절)과 찬양하고 사랑하는 자(11-12절)를 반복하여 대조한다. 행악자의 속성 중 일곱 가지는 말과 관련된다("오만한 자" "거짓말하는 자" "속이는 자" "그들의 입에 신실함이 없고" "그들의 목구멍은 열린 무덤 같고" "그들의 혀로는 아첨하나이다" "자기 꾀에 빠지게 하시고"). 우리는 말하며 산다. 하나님이 우리에게 주신 말씀과 우리가 그분께 기도로 드리는 말씀으로 산다. 말은 인간 조건의 핵심이다. 하나님이 말씀하시고 우리가 기도하는 모든 시간에, 유혹하고 아첨하며 속여서 불신의 행위를 부추기는 말들이 우리의 언어에 슬그머니 들어온다. 그러므로 우리는 늘 경계하고 귀에 들리는 것을 모두 믿지 않는 편이 좋다.

그렇게 해서 우리는 악을 감시하는 정찰대를 이끌고 우리 마음이 무죄하다는 착각에 빠지지 않도록 살피며 하루를 시작한다. 이 정찰대와 함께 가는 것은, 경건한 시간과 장소 그리고 거룩하고 선한 즐거움을 향하는 태도다. 우리는 거룩함도 어느 정도 알고 있다. 이 아침 기도를 움직이는 중심이 되는 구절은 3절이다. "여호와여 아침에 주께서 나의 소리를 들으시리니 아침에 내가 주께 기도하고 (RSV에는 "기도하고에" 해당하는 부분이 "bringing a sacrifice" 즉 '제물을 차려 놓고'라고 되어 있다—옮긴이) 바라리이다." 여기서 제물을 차리는 이미지는 저녁 기도(4:5)의 리듬 있는 반복이다.

하나님의 역사는 우리가 잠든 사이 우리의 도움 없이 시작된다. 그분은 우리가 예배하고 순종하는 낮에도 계속 일하신다. 제사는 우리 삶을 하나님 앞에 드려 그분이 다루시도록 하는 물질적 수단이다. 제사는 우리가 하나님을 위해 무언가를 해 드리는 것이 아니라, 단지 삶을 구성하는 것들을 내어 드려 그분이 무언가를 하실 수 있도록 하는 것이다. 제단 위의 제물은 하나님이 기뻐하시고 받으실 만한 것으로 변화한다. 우리는 제사를 통해 우리에 대한 소유권과 통제권을 포기하고, 그것으로 하나님이 이루실 일을 지켜본다. 우리는 말씀으로 우리에게 생명을 주신 하나님이 우리가 그분께 말씀드릴 때 들으신다는 것을 깊이 인식하며, 몇 시간 뒤에 예상되는 어려움과 즐거움을 말로 표현한다. 우리는 두려움과 소망, 감사와 기대를 한데 모아 제단 위에 올려놓는다. "내가 주께 기도하고('제물을 차려 놓고', RSV) 바라리이다."

'**바란다**'(watch, RSV)는 것은 아침 기도에서 중심이 되는 말이다. 성경적으로 훈련된 귀는 이 말 한마디에서도 이야기를 듣는다. 야곱은 외삼촌 라반에게서 도망치다가 길르앗에서 붙잡혔다. 라반은 야곱이 자기에게 사기를 쳤다고 생각했다. 야곱은 라반이 분명 자기를 속였다고 여겼다. 길르앗에서 그들은 논쟁을 벌이고 기도한 끝에 합의에 이른다. 그들은 기둥을 세워 제단을 쌓고 그 앞에서 언약의 음식을 먹었으며, 그 기둥의 이름을 '감찰하는 곳'[Watching place, '미스바'(*Mizpah*)]이라고 지었다. 그들은 상대에게서 무언가 이득을 취할 기회만 노리고 의심의 눈초리로 서로를 감시하며 20년간 지내 왔다. 이제 그들은 서로 감시하기를 그만두고 하나님이 그들을 감찰하시도록 하는 데 동의했다. 아침 일찍 이 오랜 두 경쟁자는 헤어진다. 라반은 하란으로 돌아갔고 야곱은 그의 형 에서가 원한을 품고 기다리는 가나안에 들어갔다. 헤어지면서 그들은 길르앗 산골짜기에 울려 퍼지는 아침 기도를 드렸다. "우리가 서로 떠나 있을 때에 여호와께서 나와 너 사이를 살피시옵소서." 아침 기도와 감찰이 이루어진 그 장소를 떠난 야곱은 하나님의 천사들을 가장 먼저 만난다. 그는 이렇게 외친다. "이는 하나님의 군대라!" (창 32:2)

미스바는 아침마다 자주 되풀이되는 경계선의 체험이다. 우리는 우리의 소망과 두려움을 한데 모아 그분께 내어놓고 그분이 이루실 일을 보기를 기대한다. 아침 기도는 감찰하시는 하나님 앞으로 우리를 이끌어 주의 깊게 하루를 시작하도록 준비시킨다. 그때 우리는 위험한 지난날이 사라져 감을 목도하고, 하나님의 천사들이 위험한 날을 지키는 것을 바라본다. 이제 만조(high tide)다.

# 6장

## 기도의 은유

여호와는 나의 반석이시요 나의 요새시요 나를 건지시는 이시요
나의 하나님이시요 내가 그 안에 피할 나의 바위시요 나의 방패시요
나의 구원의 뿔이시요 나의 산성이시로다.
시편 18:2

나는 생명의 떡이니 내게 오는 자는 결코 주리지 아니할 터이요
나를 믿는 자는 영원히 목마르지 아니하리라.
예수님, 요한복음 6:35

은유는 매우 기묘하다.
두 가지를 함께 놓아두었을 때 전에는 발견한 적 없었던 의미를
발견하는 방법이기 때문이다.


워커 퍼시(Walker Percy)

장 칼뱅은 자주, 우리 주변 세상을 가리켜 "하나님의 영광을 보여 주는 극장"이라고 말했다.[1] 우리는 물질의 구성 요소들을 조합하거나 우주의 구성 요소들을 정렬함으로써 창조주의 눈부신 작품에 관해 쓴다. 모든 것은 창조된다. 모든 것은 그 형태와 조직 속에 창조주의 표지를 지닌다. 이 물질세계의 모든 부분은 하나님과 연결된다. 모든 세포는 구원이라는 유기체 속에 있다. 성경적인 종교는 물질과 동떨어져 존재할 수 없다. 우리는 창조 세계를 보고, 느끼고, 맛보고, 냄새 맡고, 듣는다.

바로 이 모든 것이 **창조 세계**다. 그냥 일어나는 일은 없다. 산벚나무, 툰드라, 족제비는 우연히 생겨나지 않았다. 모든 것은 설계(design)되었기에, 우리가 창조 세계 속에서 창조주와 가장 온전한 관계를 맺으며 살고자 한다면 창조 세계의 어느 한 부분도 무시할 수 없다. 우리가 억지로 참아야 하는 불편함이란 없다. 하나님을 찬양하느라 경건하게 눈을 든 이들의 발이 걸려 넘어지도록 사단이 가져다 놓은 장애물도 없다. 창조 세계는 우리가 하나님을 만나고 그분과 대화하는 장이다. 하마와 리워야단을 향해 존재하라고 말씀하셨던 그 목소리가 "네 죄가 용서받았다"고 말씀하신 그 목소리 그리고 환난 날에 자기를 부르라고 하신 그 목소리와 동일한 목소리다. 외형과 내면이 똑같은 실재다. 하늘과 땅은 하나님의 동일한 뜻에 따라 만들어졌다.

우리는 기도할 때 이 창조 세계라는 극장의 특별석에 앉아 있는 것이다. 우리는 주위를 둘러본다. 거대한 산은 제 육중함을 드러내며 솟아오른다. 솔송나무 밑에서 화려한 조명 쇼를 펼치면서 시냇물이 바위 위를 흐른다. 하늘에서 그러하듯 땅에서도, 호수는 하늘로 가득 차 있다. 사자는 먹이를 잡아 찢고, 종달새는 둥지를 튼다. 솔로몬과 술람미 여인이 껴안는다. 독수리는 구름에서 초원으로 곧바로 하강하여 발톱으로 토끼를 채 간다. 잠시 창세의 두 피조물은 끔찍하고 혼란스러운 조화 가운데 있다. 아기는 엄마 품에 안겨 젖을 빤다. 물질은 실제로 존재한다. 육체는 선하다.

물론 세상에는 잘못된 것도 있다. 이해하기 어려운 것들 말이다. 모기나 백혈병의 존재를 설명하기란 불가능한 일이다. 기생충은 생물의 10퍼센트를 차지한다. 애니 딜라드(Annie Dillard)는 기생충을 "악마의 십일조"라고 말한다.[2] 무시무시한 미물들이 창조 세계 극장의 그늘진 곳을 활보한다. 창조 세계에는 할렐루야가 우렁차게 울리지만, 금세 고통으로 울부짖는 소리도 들린다.

그래도 분명히 이곳은 우리가 찬란한 아름다움을 보는 극장이다. 이곳은 우리가 생계를 위해 자루를 들고 폐허를 뒤지면서 무언가 쓸 만한 것을 찾는 우주 폐기물 처리장이 아니다.

시편 저자들은 이 극장의 정기 입장권을 가지고 있다. 이 극장에서 모든 시편을 기도로 올린다. 그들은 경외심에 숨을 죽인 채 기도한다. 울고 웃으며, 혼란스러워 어쩔 줄 모른 채 또 불평하고 믿으면서 말이다. 그들은 자신이 본 것들을 무턱대고 받아들이지 않으며 저자나 공연의 잘못된 점을 찾는 데 주저하지 않는다. 모든 것이 그들의 취향에 맞는 것은 아니어서 어떤 장면에서는 밖으로 나가 버리고 싶은 듯하다. 하지만 그들은 그렇게 하지 않는다.

시편 저자들이 밖으로 나가 버리지 않는 이유는 이렇다. 그들이 해야 할 일이 바로 기도인데, 극장 밖에는 진짜 기도가 존재하지 않기 때문이다. 창조 세계와 분리된 기도는 어리석은 감상주의나 우월감에 젖은 신비주의 혹은 위선적 엘리트주의로 전락해 버린다. 우리의 상스러운 물질성을 순수한 영으로 정제하고 육체의 악함 때문에 하늘을 난처하게 하지 않는 것, 그런 것이 기도의 목적은 아니다. 우리는 천사가 아니며 천사가 될 것도 아니다. 말씀(the Word)은 훌륭한 사상, 신성한 감정, 도덕적 열망이 되시지 않았다. 말씀은 **육신**이 되셔서, 물을 포도주로 바꾸셨고 그 포도주는 다시 피가 되었다. 기도는 가냘픈 신앙의 추진력을 취해서 근육과 뼈로 단단하게 만듦으로써, 존재가 되는 것(becoming)을 돕는다. 우리 주님은 떡을 떼고 포도주를 마시면서 그분을 기억하고 받으라는 명령을 우리에게 주셨다. 물질은 중요하다. 육체적인 것은 거룩하다. 하나님은 성경의 처음 몇 구절에서 에너지와 재료의 세계에게 존재—빛, 달, 별, 땅, 식물, 물고기, 새, 남자와 여자—가 되라고 말씀하셨다. 사랑이나 미덕, 믿음, 구원, 소망, 정의가 나타나라고 말씀하시지 **않았다**. 물론 곧 그것들이 생겨날 참이었지만 말이다. 창세기 시작 부분은 기도회보다는 물리학 실험실에서 베낀 보고서 같다. 그러나 시편에서 물리학과 기도는 같은 공간에 있다.

## 시편 18편의 은유들

이 극장에서 지배적인 어법은 은유다. 은유는 영과 물질이 일치하는 언어를 보여 준다. 은유는 감각 경험의 언어를 사용해서 우리를 믿음, 죄책감, 마음, 하나님과 같은 것들이 존재하는 보이지 않는 세계로 인도한다. 죄 때문에 산산조각이 난, 보이는 것들과 보이지 않는 것들이 은유로 하나가 된다.

그래서 시편 저자들은 기도하면서 죄에 대해 말할 때 사자와 올가미와 먼지를 불러내고, 하나님을 태양이나 그늘 혹은 왕으로 부르며, 하나님께 복 받은 삶을 나타낼 때 나무와 산과 양을 언급한다. 은유가 빠진 시편은 단 한 편도 없다. 은유는 기도의 독특한 언어다. 화려한 은유의 카덴차(악곡의 마지막에서 독주자의 화려한 연주 부분—옮긴이)인 시편 18편은 이런 어법을 유감없이 보여 준다.

시편 18편은 전통적으로 다윗과 관련된 박진감 넘치는 기도다. 다윗은 이 고별 찬양에서 자신의 삶을 요약한다. 처음부터 하나님이 힘과 반석, 요새, 구원자, 방패, 뿔, 산성이시라고 언급된다. 그리고 사망의 줄, 불의의 창수, 스올의 줄, 사망의 올무 등 개인의 문제를 묘사하는 광범위한 내용이 이어진다. 하나님은 도움을 청하는 부르짖음에 반응하신다. 그분의 반응은 맹렬하다. 입에서 연기가 흘러나오고 비구름 장막 아래 어둠이 드리운 하늘에서 내려오셔서 그룹을 타신다. 그분이 높이 뜨시자 어둠/빛, 우박과 숯불로 인한 파괴, 화살 같은 번개가 행악자들을 꼼짝 못 하게 만들고, 하나님의 엄청난 콧김이 바다를 갈라 세상의 터가 나타난다. 그리고 나서 갑작스럽게 이 광포한 은유가 헤아릴 수 없는 부드러움으로 바뀐다. 하나님이 손을 뻗어 많은 물과 원수들 가운데에서 기도하는 사람을 건지시고 넓은 마른 땅에 두어 구원하신다.

뒷부분의 기도에서 시편 저자는 화려한 문체로, 믿기 어려운 구원의 나라에서 실제로 그가 경험한 이력을 요약한다. 그는 "내가…담을 뛰어넘나이다"라고 말한다. 은유가 압축되어 에너지와 은혜로 폭발한다. 그러나 그것은 전혀 과장이 아니다.

시편 18편에는 훨씬 더 많은 내용이 담겨 있다. 그러나 여기에서는 기도에서 은유가 두드러진다는 사실을 보여 주기만 해도 충분하다. 기도할 때 우리의 과제는 언어의 희소가치를 높여서 추상적인 영성으로 만드는 일이 아니라, 날씨와 지리와 적대감의 은유로 언어를 풍부하게 해서 정직하고 실제적인 경험의 영성으로 만드는 일이다.

언어의 리듬과 시간의 관계는 언어의 은유와 장소의 관계와 같다. 하나님은 시공간 속에서 우리에게 말씀하신다. 그러므로 우리 역시 시공간 속에서 응답, 즉 기도해야 한다. 시편 저자들은 창세기에서의 날(day) 운율을 우리 안에 개발하려고 언어의 리듬을 사용한다. 또 창세기의 땅에 기도의 기초를 놓기 위해 언어의 은유를 사용한다. 리듬이 없는 기도는 무도병(얼굴, 손, 발, 혀 등이 저절로 심하게 움직여 춤을 추는 듯한 모습이 되는 병―옮긴이)에 걸린 것이다. 은유가 없는 기도는 허공에 떠 있는 것이다.

## 영지주의자의 삶

기도에 대해 많이들 말하지만 정작 창조 세계 극장 근처에는 얼씬도 하지 않는 사람들이 항상 있다. 그들은 그 극장에 대해 알지 못하거나 입장료를 낼 수 없는 사람들이 아니다. 그들은 나름의 원칙에 따라 극장에 가지 않는다. 그들 중 일부는 가긴 가지만 극장이 부도덕하다고 말하면서, 젊은이들과 그들이 영향력을 행사하는 다른 사람들에게 타락하지 않으려면 거기 근처에는 얼씬도 말라고 강요한다. 이런 사람들에게 꼭 맞는 꼬리표가 바로 **영지주의자**다. 대부분의 영지주의자는 영지주의라는 단어를 들어 본 적도 없다. 영지주의자들이 회원증을 가지고 다니는 것은 아니다. 역사 속에서 영지주의자들이 가시적인 종파를 형성하고, 극장에 가는 교회와 노골적인 싸움을 벌인 적이 간혹 있다. 그러나 대부분 영지주의자는 자신들이 영지주의자란 사실에 대해 별로 의식하지 않는 경향이 있다. 하나님과의 관계에서 탁월함을 추구하고 기도의 삶을 결단한 사람들은 영지주의의 영향에 특히 취약하다.

처음 볼 때는 영지주의 계통이 꽤 설득력 있다. 영지주의에는 우리의 주의를 사로잡는 금욕적인 열심과 신비스러운 강렬함이 있다. 이 사람들은 내면의 삶에 관심이 깊고 최고의 영성 수준에 대해 그 누구보다 많이 아는 듯 보이기 때문에 우리는 호기심을 갖고 좀 더 알고 싶어 한다. 하지만 영지주의자들을 주의하라. 그들에게 반감을 품기란 쉽지 않고 그들을 파악하는 일은 특히 더 어렵다. 그 형태가 변화무쌍하기 때문이다. 그들의 말과 행위는 대부분 매우 훌륭하다. 그러나 그들이 영향력을 발휘해서 믿음의 기도에 스며드는 두 가지 요소가 있다. 이 요소들은 파괴적이며 치명적일 수도 있는데, 그것은 바로 물질적인 것을 경멸하고 은밀한 것을 갈망하는 일이다. 버지니아 스템 오언스(Virginia Stem Owens)는 "영지주의는 아직도 가장 심각한 거짓이다"라고 말한다.[3]

영지주의는 물질을 경멸한다. 대부분은 공손한 태도를 유지하면서 경멸한다. 하지만 그들이 겉으로 공손한 태도를 보인다고 해서 그들의 신조가 약해지지는 않는다. 결국, 순수한 아름다움과 진리와 선을 관상할 수 있는 영의 영역으로 상승하고자 하는 그들의 열망에 물질은 가장 지저분하고 불편하며 거리끼는 장애물이다. 존재의 기준에서 볼 때 물질은 좀 더 높은 곳에 있는 것보다 가치가 떨어진다. 또 물질은 대다수 문제의 명백한 원인이다. **물건**이 없었다면 도둑질이나 탐심도 없었을 것이다. 육체가 없었다면 폭식이나 간음도 없었을 것이다. 집안일을 하는 데 필요한 시간은 대체로 물질적인 것들에 허비된다. 설거지하고 빨래를 하고 쓰레기를 내다 놓고 잔디를 깎고 하수도를 청소하는 일 등 말이다. 그들이 물질적인 것에 덜 관여할수록 영적인 일―아름다움을 감상하고 진리를 관상하고 선한 감정을 키우며 우주를 사랑하는 것―에 더 많이 신경을 쓸 수 있는 것은 당연지사다(영지주의자들은 상식보다는 이성에 크게 열을 올린다). 마음속 깊은 곳에서 그들은, 잠시 잠깐인 이 세상의 조건에 의해 견디기 힘들 만큼 손상당한 유배된 존재, 곧 연골과 뼈의 골격 속에 갇힌 나이팅게일 새와 같은 영혼을 감지한다.

또 영지주의자들은 은밀함을 즐긴다. 그들은 전형적인 내부자(insider)다. 그들은 암호로 영원한 존재에게 접근할 수 있는데, 자신들이 그 암호를 안다고 생각한다. 그들은 내부자끼리의 대화와 내밀한 가르침을 좋아한다. 그들은 우리의 영적 자아가 이 추잡한 물질세계에 내려오게 된 이유를 설명해 주는 복잡한 신화를 만들어 내고, 복잡한 귀향 지도도 만든다. 그들은 그림풀이와 그것들을 설명해 주는 계몽된 교사들을 좋아한다. 성적 추파와 어리석고 실없는 농담을 즐기며 짐승처럼 게걸스럽게 돼지우리에서 기어 다니는 평범한 사람들에 둘러싸여 살아가야만 하는 그들의 민감한 영은 매우 고통스럽다. 어쩔 수 없이 교회에 가야만 하는 영지주의자들은 별생각 없는 안내 위원이 그들 곁에 천한 죄인을 앉히리라는 것을 알아차리고는, 자리에 앉으면서 코를 찡그린다. 하지만 그들은 자신들이 '식자들에'(영지주의자란 '아는 사람'을 의미한다) 속한다는 꽤 큰 보상 때문에 그것을 견딜 수 있다. 당신이 평민들보다 나은 사람이라는 것, 거나 교회에서 만나는 대부분의 다른 사람보다 우월한 존재임을 아는 것은 꽤 기분 좋은 일이다.

따라서 영지주의자들이 창조 세계라는 극장을 보이콧하고 가능한 한 그곳의 언어를 피하는 것은 당연하다. 왜냐하면 은유는 그들의 가냘픈 비물질성과 내면에 울리는 속삭임을 모욕할 뿐 아니라, 영성의 응접실에서 나는 커다란 방귀 소리 같은 것이기 때문이다.

은유는 비물질화하는 영지주의자의 독극물에 대한 시편의 해독제다. 이 언어는 세련되지 못하고 또 어쩔 수 없이 물질적이다.

우리가 목자들이 사는 지역에 산다면, 방패를 갖추는 일이 어떤 기분인지 안다면, 종종 요새에 들어갈 기회가 있다면 그리고 하나님을 목자요 방패요 요새로 부른다면, 이 은유는 우리를 하나님께 좀 더 가까이 이끄는 동시에 물질세계 가까이로 인도할 것이다. 기도할 때 우리는 하잘것없는 물질 위로 이끌려 올라가는 것이 아니라 그것들을 품는다. 그리고 그렇게 받아들이는 가운데 그것들을 창조하신 분과의 친밀함을 발견한다. 단언컨대 물질성은 귀하다.

또 우리가 하나님을 빛이나 반석 혹은 어머니(모두 히브리어에서 한 음절 단어다)로 부른다면, 여느 다섯 살짜리 어린아이가 사용하고 이해하는 일상의 단어를 사용하는 것이다. 이런 단어들을 사용할 때는 가식을 부리거나, 하나님과의 관계에 대한 이해가 특별한 통찰력이나 은밀한 암호에 달려 있는 척할 필요가 전혀 없다. 내면에서 울리는 은밀함이 무의미한 소리라는 것이 드러난다. 다른 모든 이가 기도하지 않을 때 사용하는 언어를 그대로 기도에 사용함으로써 우리는 그들과 공동체 관계를 유지한다. 일상의 말보다 더 사교적인 것은 없다. 전문 용어보다 더 파벌을 조장하는 것도 없다. 시편은 은유를 현저히 많이 사용함으로써 우리가 쉽게 모호한 추상적 개념에 빠지거나, 우리 발밑에 있는 실제 풀을 경멸하거나, 이 얼빠진 말장난을 기도라고 부르지 않도록 돕는다. 시편은 또 우리가 우리와 똑같은 공기로 호흡하는 이웃들에게 현학적 우월함을 느끼고 콧대를 높이지 못하게 한다. 콧대를 높이는 것과 기도할 때 하나님을 향해 눈을 드는 것의 공통점은 고개를 드는 각도가 똑같다는 것뿐이다.

그 효과는 역으로도 영향을 미친다. 일단 반석이라는 단어를 사용하여 하나님을 부르게 되면, 우리는 반석이나 목자 혹은 어머니를 결코 전과 같은 방식으로 보지 않을 것이다. 은유는 사물을 주목한다. 그러고는 기도로 들어가서 거룩하게 한다. 사람들은 극장으로 들어가듯이 기도 행위 가운데 들어가서 좀 더 주의 깊게 창조 세계를 둘러보고[theatros(극장의 어원 — 옮긴이)은 전망이 좋은 장소를 의미한다] 격을 갖추어 그것을 찬양한다. 우리가 일하고 여행하고 싸우고 먹고 마실 때 쓰는 말을 기도에서도 똑같이 사용할 때 기도 중에 그 단어들은 빛나고 놀라운 말이 되며, 우리 안에서는 이 평범한 행동들에 대한 존중이 생긴다.

## 성례 대 우상

의미심장하게도 시편 저자들이 하나님을 반석이라고 부를 때, 그들은 돌을 세워 그것을 하나님이라고 부르지 않았다. 그들은 하나님을 목자라고 불렀지만, 인상 좋은 목자를 찾아 조각상을 만들고 거기에 하나님의 형상을 모시지는 않았다. 그들은 하나님을 방패라고 부르긴 했지만, 보석으로 방패를 아름답게 꾸며서 신성한 곳에 걸어 두고 그 앞에 절하지는 않았다. 물질의 성스러움과 창조 세계의 신성함을 강하게 주장했던 히브리 사람들은—그들에게는 땅조차 신성했다!—하나님은 물질이 아니시며, 은이나 금 같은 귀금속이라 해도 물질로는 도무지 표현될 수 없는 분이시라는 점도 일관되게 주장했다. 그들은 계명과 기도의 실천을 통해 우상과 은유의 차이점을 알고 있었다. 우상은 축소하고 제한하지만, 은유는 확장하고 연결한다. 우상은 신비에서 시작하여 측정될 수 있는 무언가로 모양이 만들어지지만, 은유는 흔한 것에서 시작하여 측량할 수 없는 영광으로 그것을 확장한다. 우상은 다양성을 통제 가능한 획일성―때로는 매우 고상하고 잘 다듬어지기도 하나 어쨌든 획일성에 불과하다―으로 만들어 버리지만, 은유는 물질성을 언어로 만든다. 말하는 순간 그것은 통제에서 벗어나 살아 계신 하나님이 파트너가 되어 주시는 자발적인 대화의 역학에 종속된다.

우리 안에 믿음의 경험을 발전시키기 위해 감각의 경험을 사용하여 은유로 우리에게 기도를 가르치는 시편은 진정한 살과 피이신 그리스도 안에서 완성된다. "우리가 들은 바요 눈으로 본 바요 자세히 보고 우리의 손으로 만진 바라"(요일 1:1). 이로 인해 전체 물질 창조 세계가 선하다는 사실이 입증된다. 은유의 화법처럼 예수님 역시 무척 당황스러울 정도로 평범하셨다. "이 사람이 요셉의 아들이 아니냐?"(눅 4:22) "어찌하여 너희 선생은 세리와 죄인들과 함께 잡수시느냐?"(마 9:11) 그분은 모든 영적 엘리트주의를 문전박대하셨다. 시편과의 연속선상에서 예수님은 은유 가운데 우리에게 기도를 가르치셨다. "너희는 기도할 때에 이렇게 하라. 아버지여…"(눅 11:2).

시편의 은유들은 그리스도의 성육신으로 성례전적 삶, 즉 사물과 인격을 포함하는 모든 것이 하나님을 전달하는 삶이 된다. 예수님은 성례전주의자(the master sacramentalist)셨다. 그분은 주변 모든 것을 사용하셔서 우리가 하나님을 인식하게 하셨다. 예수님이 무언가를 집어 드신 순간, 확실히 그것은 이질적이지 않고 하나님의 소유물이자 하나님을 만나는 도구인 그분의 창조 세계 일부였다. 가나의 물 항아리, 예루살렘의 바람 소리, 갈릴리의 파도, 베데스다 연못가 중풍병자의 자리, 나사로의 시신. 이 모든 사물 말이다. "하나님보다 더 영적이려 하는 일들은 소용없다. 하나님은 인간을 순전히 영적인 피조물로 창조하지 않으셨다. 그것이 바로 예수님이 떡과 포도주 같은 물질적인 것들을 사용하셔서 우리 안에 새 생명을 불어넣으신 까닭이다. 우리는 이런 것이 너무 물질적이라 영적이지 않다고 생각할 수도 있다. 하지만 하나님은 그렇지 않으시다. 그분이 먹는 행위를 만드셨다. 그분이 물질을 좋아하셨다. 그분이 그것을 고안하셨다."4

프리드리히 폰 휘겔(Friedrich von Hügel) 남작은, 그리스도인의 기도에서 영과 감각은 함께 간다고 늘 말했다.5 우리가 세상에서 창조된 존재들을 보면서 그들을 철저히 있는 그대로 고려하고 우리가 보는 대로 기도할 때마다 우리는 그것들에 의해, 그것들을 통해, 모든 창조 세계를 존재하게 하시고 모든 피조물을 만드신 하나님께 나아간다. 우리는 사물들을 무시할 수 없다. 그것들이 먹고 사는 데 필요하듯, 기도의 골방에서도 꼭 필요하다. 환상과 회피를 제거해서 우리가 직접 체험하고 기도할 수 있도록 기도에서 은유는 성례전적 삶을 개발한다. 우리 일상의 현실을 보고, 냄새 맡고, 만지고, 숨 쉬며 그래서 그것을 좋아하거나 싫어하도록, 축복하거나 저주하도록 말이다. 우리가 어떻게 결정하든 간에 그것에 무심하거나 그것과 분리되지는 않도록 말이다.

## 단호한 '긍정'

기도 생활에는 두 가지 위대한 신비주의 전통(관상 기도의 두 길—옮긴이)이 있는데, 때로 그 두 가지는 무념적 방법(apophatic)과 유념적 방법(kataphatic)으로 구분된다. '아포페미'(*apophemi*)는 그리스어로 '아니요'를, '카타페미'(*kataphemi*)는 '예'를 의미한다. 무념적 기도는 부정의 길(*via negativa*)을 나타낸다. 이것은 순수한 하나님의 존재로부터 마음이 산만해지거나 주의가 흐트러지는 것을 막기 위해 눈을 감고 기도하는 것이다. 유념적 기도는 긍정의 길(*via affirmativa*)을 나타낸다. 이것은 빛과 색, 성상과 향이 우리를 이끌어 하나님 가운데 있는 그들과 우리의 근원을 보도록 눈을 뜨고 기도하는 것이다.

확실히 무념적 기도가 필요한 상황이 있다. 우리의 상상력은 우리가 잘 모르는 가운데 하나님이라고 명명한 우주의 와이드 스크린에 투사된 신경증적 정욕과 현실 도피성의 열망으로 가득 차 있다. 놀라움과 기적, 감각과 감정, 최후의 날에 대한 두려움과 유치한 열정이 한데 합쳐져서 우리가 신이라고 가정하는 존재가 된다. 이 같은 환상들을 향해서 그리고 그것들로부터 기도는 계속해서 흘러나온다. 그런 기도들은 금식, 그것도 아주 많은 금식이 필요하다. 그 기도로부터 환상을 씻어 내려면 말이다.

그러나 확실히 유념적 기도가 표준이다. 시편은 이 기도로 우리를 훈련하고, 성육신은 그것을 확증하며, 성례는 그것을 영속화한다. 무념적 기도의 강조점은 "손을 모으고 고개를 숙이고 눈을 감고 기도합시다"이다. 그러나 시편 저자들은 사람들에게 유념적이다. 그들은 우리를 극장으로 데려가서 산들이 "숫양들같이 뛰[노는 것]"(시 114:4)을 보게 하고, "모든 나무가 손뼉을 [치는 것]"(사 55:12)을 듣게 한다. 그들은 눈을 뜨고, 그것도 아주 크게 뜨고 기도하는 법을 우리에게 보여 준다.

7장

## 기도와 예배

내가 주의 이름을 형제에게 선포하고
회중 가운데에서 주를 찬송하리이다.
시편 22:22

두세 사람이 내 이름으로 모인 곳에는 나도 그들 중에 있느니라.
예수님, 마태복음 18:20

그날 오후, 예배가 그 사람의 뇌의 은밀한 경로를 관통했다.
그는 어릴 적부터 매일같이 똑같은 말들을 중얼거렸지만,
난생처음 자기 입이 뭐라고 말하는지 이해한 것이다.
그 말들은 마치 그의 침구처럼 그에겐 아주 친숙했다.
이 익숙하고 아주 친근한 음절들이 갑자기 황홀경처럼, 계시처럼 받아들여졌다.
그는 그 말 중에서 자신이 들은 것에 무척 놀라 어안이 벙벙할 지경이었다.
그는 자신에게조차 생소한 모습으로, 기뻐 날뛰면서 기도실을 떠났다.

신시아 오직(Cynthia Ozick)

시편의 기도로 들어갈 때, 우리는 종종 놀랍게도 활기 넘치는 이스라엘의 예배 장소로 인도받는다. 다윗이 이스라엘을 예배하는 회중으로 정비했을 때 3만 8천 명의 레위 사람을 세워 리더십을 주고 필요한 것을 지원했다(대상 23:3). 이스라엘에서 기도는 기분에 따라 해도 되고 안 해도 되는 개인적인 일이 아니었다. 기도는 매우 중요한 공적 과제였다. 기도는 결코 사적이지도, 주변적이지도 않았다. 공동의 예배는 개인의 경건보다 우선했다.

시편 여기저기에 71회나 등장하는 '셀라'(selah)라는 말이 그 증거다. 이 단어는 본문 안에는 나오지 않고 난외주처럼 여백에 따라 나온다. 그 의미를 정확하게 아는 사람은 아무도 없다. 학자들은 '복을 빌기 위한 휴지' 혹은 '이 부분은 좀 더 크게—**포르티시모**'와 같은 의미로 추측할 뿐이다.[1] 이것이 예배의 확실한 증거임은 짐작을 넘어선다. 탐정처럼 단서를 면밀하게 살피면, **셀라**를 발견하게 된다. 그리고 우리는 그것에서 범죄가 아니라 공동체를 추론한다. 이 시편들을 통해 그리고 이 시편들 가운데서 사람들은 한데 모였다. 회중은 예배로 모였다. 이 기도들은 고독한 신비주의자의 펜에서 나오지 않았다. 이 기도들은 비탄과 찬양, 간청과 경배의 목소리를 높인 찬양대의 훈련된 음성들이다.

우리에게 기도를 가르쳐 주는 시편들은 모두 하나님 앞에 예배드리는 공동체로 모인 사람들의 기도다. 이 중 일부는 확실히 홀로 있는 가운데서 나왔고, 모든 시편은 홀로 있는 가운데 계속 반복되었다. 그러나 시편이 우리에게 주어진 형식, 곧 우리에게 주어진 시편의 **유일한** 형식과 그러므로 시편이 기도 학교로서 역할을 감당하는 방식을 볼 때, 그것들은 하나님 앞에 예배로 선 공동체의 기도다. 기도는 근본적으로 예배다. 번역하지도 않았고 또 번역될 수도 없는 **셀라**라는 말은 시편 전체에 흩어져 있으면서, 우리로 그 사실을 잊지 않게 할 것이다. 그 **의미**는 수수께끼 같지만, 그 쓰임새는 아주 명확하다. **셀라**는 **함께** 기도하는 사람들로 하여금 이런저런 것을 **함께**하도록 지시한다. 우리가 기도서를 펼쳐 볼 때 그 여백에는 온통 이 같은 예배의 낙서들이 가득하다. 성경에서는 개인의 경건을 위한 단 하나의 기도만 우리에게 제시되지 않았다. 기도하는 개인이 아니라 기도하는 공동체야말로 기본이며 가장 중요하다. 미국화된 기도는 이 명백하게 성경적인(그리고 인간적인!) 순서를 뒤바꿔 버렸다. 개인이 모여 공동체를 '구성하는' 것이 아니라 공동체가 개인을 만들어 내는 것이다. 우리는 시편을 통해 그 시초, 인간 됨과 영성의 원형으로 돌아간다.[2]

기도는 공동체가 필요하다. 기도하는 공동체 밖에서는, 그 공동체를 떠나서는, 그 공동체를 무시하고서는, 기도란 불가능하다. 하나님은 자기 백성을 부르셔서 그분 앞에 나아와 그분의 말씀을 듣고 그 명령에 순종하여 복을 받게 하신다. 우리는 그 부르심을 듣고 나온다. 머리를 숙이고 눈을 감는다. 우리는 기도한다. 눈을 뜨고 주위를 둘러보고는 때때로 다른 사람들도 거기에 있는 것을 보고 놀란다. 헬머 링그렌(Helmer Ringgren)은 우리에게 단언한다. "시편은 개인적인 용도로 쓰인 것이 아니다."³ 우리는 하나님의 유일한 관객으로 초대받지 않았다.

기도가 우리 홀로 있을 때—하나님 앞에 선 고독한 영혼으로서—하는 것이라는 가정은 지독하고 애처롭게 끈질긴 착오다. 우리는 하나님의 영광을 위해 노래를 짓는 언덕 위의 고독한 목동을 상상한다. 고통의 수렁에 빠져들면서 도움을 구하는 괴로움당하는 영혼을 상상한다. 그러나 우리의 상상력은 어긋난다. 우리는 독자적인 존재 이전에 무언가의 일부며, 기도할 때도 마찬가지다. 기도는 공동체 속에서 시작된다.

### 예배의 예의

어떤 사람들이 가정하는 것처럼, 예배는 미학이 아니다. 예배는 예의(courtesy)다. 그리고 신학이다. 예배는 하나님이 말씀하시는 다른 사람들이 있다는 사실, 또 하나님의 대답에 삶을 거는 다른 사람들이 있다는 사실을 마음에 품는 것이다. 또 나 혼자만 그분이 아끼시는 자녀가 아니라 다른 가족 구성원들에게도 필요와 권리가 있음을 공손하게 인정하는 것이다.

예배는 만남의 공간을 명확하게 하고, 시간을 정하고, 순서를 부여한다. 기도는 시공간 안에서 일어난다. 우리는 천사가 아니기 때문이다. 기도는 우리와 다른 사람들 사이에서 일어난다. 우리는 단일한 개체가 아니기 때문이다. 예배는 정교할 수도 있고 단순할 수도 있고 화려할 수도 있고 소박할 수도 있지만, 항상 공간과 시간과 순서를 제공한다. 우리는 이스라엘 예배에 대해서 거의 알지 못하고 초대 교회에 관해서도 별로 아는 바가 없지만, 그것은 큰 문제가 되지 않는다. 우리가 고고학으로 기도하는 것이 아니기 때문이다.[4] 중요한 것은 예배가 **있었다**는 것이고, 이에 대해서는 이견이 없다. 사람들은 정해진 시각에 합의된 장소에 모여 시편을 사용하여 공동체로서 기도를 드렸다. 이 가장 사적이고 개인적인 행위를 말이다! 예수님은 다음과 같은 말씀에서 기도에 근본적으로 예배의 성격이 있음을 확증해 주셨다. "두세 사람이 내 이름으로 모인 곳에는 나도 그들 중에 있느니라"(마 18:20).

하나님은 한 분이시지만 그 백성은 다수다. 그분은 우리를 위한 유일한 목적을 갖고 계시지만 우리는 나름의 기질과 필요, 지식을 가진 다양한 집단이다. 기도할 때 우리는 우리 자신의 둘도 없는 독특함을 어느 때보다 더욱 깊이 인식한다. 그러나 우리는 또한 그분에게서 비롯된 사랑이 우리 사이에서 주고받아지기를 원하시는 하나님께 기도한다. 어떻게 하면 우리가 기도하는 중에 한 분 하나님 앞에서의 근본적인 연합이 조각조각 갈라지지 않고 더욱 성장하고 깊어질 수 있겠는가? 어떻게 하면 이기적으로 변하지 않으면서 좀더 우리 자신다울 수 있겠는가? 어떻게 하면 기도에서 가장 흔히 나타나고 가장 골치 아픈 부작용 중의 하나인 고린도인들의 무질서를 예방할 수 있겠는가? 시편에 잘 나타나 있고 교회가 채택한 이스라엘 사람들의 해답은 바로 '예배'다.

## 기도의 개인주의에서 벗어나기

시편의 공동 예배적 성격을 드러내 주는 두 번째 단서는 "인도자를 따라 부르는 노래"(to the choirmaster)라는 말인데, 이는 시편 표제에 55회 나온다. '므나체아흐'(m'natseah)라는 말 자체는 예배 용어가 아니다. 성전을 짓거나 보수할 때는 감독(m'natseah)이 있어서 작업을 조정하고 관리하는 책임을 졌다. 성전이 기도처로 사용되는 동안에도 마찬가지로 감독이 사람들을 지도했다. 이 단어가 표제에 사용된 빈도를 보면 감독 혹은 지휘자가 일반적으로 이스라엘의 기도 생활에 관여했음을 알 수 있다. 사람을 지정하여 그들로 백성들의 기도 생활을 인도하게 한 것이다. 성전 건축이 개인적인 사업이 아니듯 교회의 기도 생활도 마찬가지다.

이것이 암시하는 바는 기도를 배우려는 이들에게 매우 넓고 깊은 영향을 미친다. 우리는 기도할 때 누군가의 인도를 받음으로써 기도를 배운다. 흔히 기도는 우리가 필요할 때 우리가 주도권을 쥐고 하는 일이라고 생각한다. 우리는 하나님을 간절히 열망할 때 기도한다. 하나님을 향한 간절한 감사가 터져 나올 때 기도한다. 한 트럭 분량의 죄책감이 밀려올 때 기도한다. 그러나 예배에서는 우리에게 주도권이 없다. 기도를 재촉하는 것은 우리가 할 일이 아니다. 우리 앞에 누군가가 서서 "기도합시다"라고 말한다. 우리가 아니라 다른 사람이 기도를 시작하고, 우리는 한 발짝 뒤로 혹은 옆으로 물러선다. 더는 우리의 자아가 맨 앞과 중심에 자리 잡지 않는다.

이것은 매우 중요한데, 왜냐하면 기도는 그 본질상 응답하는 말이기 때문이다. 전체 기독교 공동체의 일치된 견해는 모든 일 즉 창조, 구원, 심판, 복, 자비, 은혜에서 하나님의 말씀이 제일 됨을 지지한다. 그런데 기도할 때는—우리가 종종 그러듯—고집스러운 주관성에 취해서 하나님 말씀을 제쳐 놓고 우리의 말들로 그 자리를 대체해 버린다. 최소한 기도할 때는 우리가 먼저 말을 해야 한다고 확신하는 것이다.

그러나 예배하는 회중 사이에 자리를 잡으면 우리에게 더는 그런 책임이 없다. 다른 누군가가 기도 장소를 잡고, 기도할 시간을 마련하고, 우리에게 기도하자고 말한다. 이 모든 일은 하나님의 말씀—성경과 설교 가운데 들리는 하나님의 말씀, 세례와 성찬 가운데 보이는 하나님의 말씀—이 최고의 자리를 차지한 상황에서 일어난다. 이것이 우리가 기도를 배우는 중심이다. 물론 우리는 이 중심에 머물지 않는다. 기도하는 행렬이 사방으로 퍼지고 우리를 바깥으로 이끈다. 우리는 이 중심에서 골방으로, 산으로, 길거리로, 시장으로 나아가서 계속해서 기도한다. 기도는 중심에서 **바깥쪽으로** 나아가는 일임을 이해하는 것은 매우 중요하다. 기도가 기도하는 개인들이 한데 모여서 안쪽으로 나아가는 행위라고 가정한다면, 우리는 이스라엘과 교회의 기도 경험과는 전혀 상반되는 쪽으로 나아가는 것이다.

이런 이해에서 얻는 유익은 엄청나다. 고통스럽게(최소한 그렇게 보이는 듯하다) 주도권을 희생한 것에 대한 단순한 보상 그 이상이다. 우리는 감정이라는 폭군에게서 구조된다.

감정은 기도에서 매우 큰 골칫거리다. 감정을 따라 기도하는 것은 호르몬이나 날씨, 소화 작용에 좌우되는 것과 같다. 감정에는 자비심이라곤 전혀 없다. 감정은 거짓이다. 감정은 속인다. 감정은 나쁜 길로 유혹한다. 감정은 너무나 확실하게 **존재하고** 너무나 명백하게 **내면적이다.** 그래서 그것을 우리 속 깊은 곳에 자리 잡은 실재—하나님 앞에서의 우리의 마음—에 대한 믿을 만한 가이드로 삼지 않기란 거의 불가능하다.

그러나 감정은 마치 근육이 그러하듯 영적인 것이 아니다. 감정은 전적으로 육적이다. 감정은 실재하고 또 중요하다. 하지만 그것이 실재하고 중요한 이유는 손톱이나 코가 중요한 것과 마찬가지 이유다. 우리는 손톱이나 코 없이 살기를 원치 않겠지만(그렇게 살아야만 한다면 살 수도 있겠지만) 그 길이나 모양, 색은 하나님과 함께하는 삶과 아무런 상관이 없다. 우리의 감정이 어떤 식으로든 하나님과 함께하는 삶의 본질이나 특성에 대한 믿을 만한 증거를 제공해 준다고 가정한다면, 그것은 잘못된 해석이다. 감정은 멋지고 꼭 필요하며 영예로운 것이다. 그것은 하나님의 형상대로 지음받은 인류의 풍부하고 훌륭한 복잡성의 일부다. 우리는 감정을 높이 평가하고 계발하고 공유한다. 그러나 감정이 기도는 아니다. 영적 스승들은 우리의 감정이 은혜를 분별하고 기도를 인도하는 수단이 되지 않도록 우리를 세심하게 인도한다. 이 세상에서 가장 열정적이면서도 지상적인 사람인 십자가의 성 요한(St. John of the Cross)은 "영적 편식"(spiritual sweet tooth)을 즐기다가 결국 "영적 폭식"에 빠졌던 사람들을 견딜 수 없었다.[5]

하지만 도대체 어떻게 우리의 감정을 긍정하면서도 그 감정과 우리를 분리할 수 있는가? 예배를 통해서 가능하다. 우리는 우리가 기도하고 싶을 때가 아니라 누군가, 즉 목회자나 성직자 혹은 '성가대 지휘자'가 "기도합시다"라고 말할 때 기도한다. 그러면 우리의 감정 중에서 그것의 횡포만 잃을 것이다. 인간 조건 가운데서 경험하는 모든 감정은 시편 가운데 완벽하게 표현되어 있다. 우리는 시편을 통해 기도하면서 가능한 한 감정의 모든 음표를 연주하고 모든 음을 소리 낸다. 그리고 하나님 앞에서 모든 감정을 편히 느끼는 법을 배운다. 하지만 감정이 가장 처음이거나 지배적인 말은 아니다. 하나님이 먼저 말씀하신다. 감정이 기도 가운데 편입되는 것이지, 기도가 감정 가운데 편입되는 것은 아니다. 예배의 기도는 세밀한 감정 하나라도 놓치지 않지만, 그 감정에서 비롯되는 아주 사소한 명령조차 거부한다.

우리가 계속해서 고집스럽게 기도의 주도권을 잡으려 한다면, 자신이 필요를 느껴 기도하고 싶은 생각이 들 때만 기도한다면, 우리가 감당하기에는 너무 벅찬 마음의 짐을 지는 것이다. 그러면 결국, 지쳐서 바닥에 쓰러지고 모든 것을 포기하고 만다. 몇 시간, 며칠 혹은 몇 주 뒤 대개는 죄책감을 느끼면서 다시 일어나 또 시도해 본다. 하다가 말다가 하는 기도가 그렇게도 많은 이유가 바로 이것 때문이다. 사람들은 수많은 계획과 방법에 실패한 채 내키는 대로 기도하다가 포기하지만, 그들이 기도에 충실할 수 있도록 도와줄 다른 방법을 항상 예의주시하고 있다. 그러나 절대로 '성가대 지휘자'가 그 역할을 맡도록 하지는 않는다. 기도 생활을 사적인 일로 주장하는 한, 우리는 그것을 실행할 적절한 방법이 전혀 없는 엄청난 과업에 착수하는 것이다. 그러나 예배는 그 적절한 방법을 제공해 준다. 예배는 기도를 심리적 덫에서 풀어 준다. 예배는 내 감정, 내 동기, 내 육체의 에너지, 내 환경이 기도를 지배하는 것을 막아 준다.

### 공동체의 회복

시편에 나타난 세 번째 예배적 지시는 음악 기호다. 악기 반주 혹은 곡조에 대한 지시 사항이 29회 지정되어 있다. 시편 4편의 "현악에 맞춘 노래"와 시편 5편의 "관악에 맞춘 노래"는 전자의 사례고, 시편 8편의 "깃딧에 맞춘 노래"와 시편 9편의 "뭇랍벤에 맞춘 노래"는 후자의 사례다. 이러한 지시들은 히브리인들이 기도할 때 노래(찬송)를 많이 불렀다는 사실을 보여 준다.

노래는 기도에 리듬 그리고 공동체의 다른 구성원들과 어우러지는 화음을 가져다준다. 우리는 기도할 때 가장 우리 자신답다. 하지만 우리가 그저 우리 자신으로만 남아 있으려 한다면 결코 우리 자신이 될 수 없다. 예배는 우리로 공동체 가운데서 기도하게 한다. 물론 우리는 공동체의 모든 사람을 알지 못한다. 그들이 어떤 경험을 했는지도 잘 모른다. 우리가 만나는 이들이 겉으로 드러내는 품행 배후에 어떤 시험과 시련, 기쁨과 축복, 황홀함과 은혜, 권태와 죄가 있는지 우리는 알지 못한다. 그러나 우리 중 누구도 이것 중 무엇이든 혼자 하지 않는 것이 하나님의 뜻이다. 어떻게 하면 하나님 백성 된 다른 이들을 위해 또 그들과 조화롭게 기도할 수 있을까? 노래를 통해 가능하다. 노래를 통해 회중의 모든 구성원이 유기적 관계를 맺는다. 그리스도인들은 사회학의 범주가 아닌 예배 음악을 통해 공동체에 대한 감각을 되찾고 공동체의 역학을 경험한다.

우리는 혼자 우뚝 서서 기도하는 것을 더 좋아할지도 모른다. 하지만 개인의 성장이나 특성은 기도에서 결코 가장 중요한 요소가 아니다. 하나님이 **존재하시고** 우리 이웃들이 **있다**는 사실이 가장 중요하다. 우리는 하나님 앞에서 공동체로 살아간다. 예배의 기도는 이처럼 곡조와 악기라는 수단으로 우리의 인식과 참여가 성숙하도록 우리를 훈련한다. 동시에 그것은 주관적이고 감성적인 것에서 보호한다.

음악은 우리가 우리와 매우 다른 목소리를 가진 사람들과 함께 어우러지도록 한다. 각각의 목소리가 줄어들거나 희미해지지 않게 하면서 말이다. 음악의 방식은, 예를 들어 F#처럼 한 음을 지정하고 모든 목소리를 '하나의 마음과 생각으로' 모아 모든 사람이 똑같이 그 음을 낼 때까지 연습하는 것이 아니다. 음악의 방식은 각각의 독특함은 유지한 채로 각기 다른 목소리의 음색과 음질을 모아 풍부한 화음을 엮어 내는 것이다.

나는 시편의 아무 곳이나 펼쳐서 기도의 장소에 자리를 잡는다. 기도할 준비가 된 것이다. 주위를 둘러보면 30명의 사람이 보인다. 내가 아는 사람도 있지만 대부분은 모르는 사람이다. 그들은 서른 곳의 다른 장소에서 왔고 서른 개의 다른 가정에서 자랐으며 지난 몇 시간 동안 서른 가지 다양한 감정의 조합을 경험했다. 학대를 받은 이들, 생일 축하를 받은 이들, 자신에게 일어난 일에 대해 분노하는 이들, 그날 경험한 놀라운 일로 기뻐 어쩔 줄 모르는 이들 등. 나는 창조와 언약을 통해 내가 이들과 함께함을 안다. 하지만 그들과 똑같이 느끼거나 공통점이 있다고 느끼지는 않는다. 어떻게 그럴 수 있는가? 우리는 모두 매우 다르다. 우리 내부로 깊이 들어가면 들어갈수록 개개인이 더욱 다르다는 사실을 발견할 것이다. 그렇다면, 우리 모두를 향한 하나님의 단 하나의 사랑을 우리가 어떻게 이해하고 밝힐 수 있는가? 인도자가 시편 56편을 "요낫 엘렘 르호김"(먼 느티나무 위의 비둘기) 곡조에 맞춰 부르라고 말한다. 기도자는 잔인함과 증오의 경험으로 들끓고 있다. 증오는 현재 내 생활과 전혀 상관이 없지만, 얼마 지나지 않아 나도 증오의 경험을 기도하고 있다. 증오를 경험했을 수도, 경험하지 않았을 수도 있는 다른 사람들과 조화를 이루면서 말이다. 잔인함은 지금 당장 내 생활과는 전혀 상관이 없지만, 기도하는 동안 나는 잔인함의 경험을 기도하고 있다. 잔인함을 경험했을 수도, 경험하지 않았을 수도 있는 다른 사람들과 조화를 이루면서 말이다. 나는 친구들에 둘러싸여 있지만, 기도 중에는 원수와 맞닥뜨린 절박한 상황에 있는 사람들과 함께한다. 차례로, 즉 연속해서 시편으로 기도하면서—이것은 기도 공동체에서 가장 오래된 관습이다—나는 이 지역뿐 아니라 세계에 흩어진 공동체가 겪는 모든 경험을 기도하게 될 것이다. 아프리카 공동체, 러시아 공동체, 과테말라 공동체 등. 나는 계속해서 그리고 확실히 압제당하고 축복받는 공동체와 하나가 될 것이다. 자기 지향적이고 자기 멋대로인 기도에서 빠져나와 중보와 경축에 적절한 방법을 부여받는다. 중보와 경축은 둘 다 개인적인 행위가 아니다.

가장 확실한 것은 나 혼자 닫힌 골방 안에 있을 때도 계속해서 기도할 것이라는 점이다. 정해진 예배 시간이 될 때까지 기도를 미루지 않을 것이다. 내 기도가 효력을 발휘하기 위해 예배의 정족수가 찰 때까지 기다리지 않는다는 것이다. 기도는 삶의 모든 세미한 부분, 우리 마음의 가장 외로운 구석, 유배지의 가장 고립된 장소(지리적이든 정서적이든 간에)에서 일어난다. 거기에는 개발해야 할 깊은 침묵이 있고 보호해야 할 엄청난 고독이 있다. 밥과 반찬이 몸에 필요한 것처럼 이 침묵과 고독은 영혼에 꼭 필요하다. 그래도 역시, 인류의 기본 형태가 공동체이듯 기도의 기본 형태는 예배다. 우리는 질서 정연하게 결집한 하나님 앞에 선 공동체를 통해서 기도를 배운다.[6]

혼자서 시편으로 기도할 때조차(사람들은 대개 그렇게 기도할 것이다) 우리는 혼자가 아니다. 시편에는 항상 공동체가 암시되고, 우리가 시편으로 기도하는 순간 공동체로 이끌려 들어간다. 다윗은 언약궤 앞에서 이 시편으로 춤을 췄고, 히브리인들은 솔로몬의 성전에서 시편을 찬양했다. 올리브산 언덕을 달려 내려온 아이들은 종려 나뭇가지를 흔들며 이 시편을 소리쳐 불렀고, 제자들과 함께 다락방에 계신 예수님은 그 노래들을 부르셨다. 고린도의 그리스도인들은 이 시편들로 성찬을 기념했고, 요한계시록의 14만 4천 명은 이 시편으로 하늘을 가득 채운다.

우리는 예배의 비인격성이나 획일성에 대해 염려하지 않아도 된다. 합창단은 위원회가 아니다. 예배는 기도하는 사람들을 균일화시켜서 경건한 죽으로 물러 버리게 하지는 않는다. 색과 소리와 움직임은 뚜렷해진다. 정확한 관계와 조합이 더욱 선명해진다. 시편으로 예배함으로써 누군가가 저급한 '군중'으로 전락했음을 보여 주는 경우는 없다. 날카롭고 각진 개성은 시편의 가장 두드러진 특징 중 하나다. 공동체를 제대로 이해하지 못했을 때 시편의 강렬하고 깊은 개성을 사적 경험의 산물이라고 잘못 해석한 것이다. 우리는 은혜와 사랑의 관계에 있을 때 가장 우리답다. 우리의 치유받은 거룩한 삶을 예증해 주는 관계들이야말로 공예배에서 가장 분명하게 나타난다.

### 예배의 방어

자신에게만 골몰하여 기도한다면, 기도할 때 우리는 가장 이기적이다. 큰 긍휼을 베푸시고, 모든 것을 주시며, 큰 약속을 허락하시는 위대한 하나님을 이용해서 우리는 무릎을 꿇고 만족을 위한 모든 충동에 탐닉하게 될 것이다. 하지만 우리에게 기도를 가르치는 시편은 절대 우리를 혼자 내버려 두지 않는다. 시편은 우리의 모든 기도를 예배 가운데 깊숙이 자리 잡게 한다. 예배는 기도의 가장 흔한 질병, 즉 우리 감정의 횡포와 우리 자존심의 고립주의로부터 우리를 지켜 준다.

  예배는 우리의 기도를 자기 자신을 돌보는 지루한 일에서 끌어내어 하나님이 하시는 일을 보고 거기에 참여하는 기분 좋은 일로 이끈다. 우리는 모든 사람이 얻고 받아들이고 드리며 찬양하는 관대함을 경험한다. 우리는 사람들이 사랑받고 그들이 우리를 사랑하는 것을 경험한다. 우리는 스스로가 정의한 종교적 욕망을 초월하는 하나님과의 언약 안에서 인간다움(humanity)을 실천하는 데 깊어진다. 우리는 우리를 도와주고 우리가 도움을 줄 수 있는 사람들 곁에 있게 된다. 예배는 은혜의 순풍과 풍경에서 단절되어 버린 자아와 감정의 고립을 박차고 나오게 한다. 하나님은 자아의 병(ego-sickness) 안에 격리된 우리가 그 담 바깥으로 나오기를 원하신다. 그분은 우리를 잡아끌어 은혜의 춤을 추게 하신다. 우리는 파트너를 바꿔 가면서 리듬을 타고 즐겁게 몸을 움직인다. 진실로 '**셀라!**'

## 8장

## 기도와 원수들

그들이 종일 내 말을 곡해하며 나를 치는 그들의 모든 생각은 사악이라.
그들이 내 생명을 엿보았던 것과 같이 또 모여 숨어 내 발자취를 지켜보나이다.
그들이 악을 행하고야 안전하오리이까.
하나님이여, 분노하사 뭇 백성을 낮추소서.
시편 56:5-7

우리를 시험에 들게 하지 마시옵고 다만 악에서 구하시옵소서.
예수님, 마태복음 6:13

삶을 진지하게 생각한다는 것은
인간이 이 행성에서 무슨 일을 하든 창조 세계에 대한 두려움,
기괴한 것들에 대한 두려움,
모든 것 근저에 있는 공포의 소리에 대한 두려움이라는
살아 있는 진실을 의식하면서 행하는 것이다.
그렇지 않다면 그것은 거짓이다.

어니스트 베커(Ernest Becker)

가짜 기도(pseudo-prayer)가 있다. 그것은 그런 기도를 하는 이들에게 이 세상의 존재와 잠재의식 차원의 조화를 이루는 경지—우주가 줄곧 흥얼거리는 콧노래에 맞추어서—로 들어설 수 있다고 약속한다. 소위 이런 기도는 긴장을 완화하고 스트레스를 줄이며 수명을 연장한다. 이런 기도에 익숙해진 사람은 평온하며 그 목소리는 부드럽고 행동은 침착하다. 그들은 아름다운 것들만 묵상하고 잠도 잘 잔다. 또 평안한 삶을 가꾸어 간다.

시편의 기도 역시 이 세상의 존재 속으로 들어간다. 그러나 시편의 기도는 이 세상이 매우 나쁘다는 사실을 발견한다. 악과 마주친다. 사악함과 대면한다. 이런 기도를 할 때는 맥박이 빨라지고 동맥 속으로 아드레날린이 발산된다. 이런 기도를 하는 사람은 흥분하여 소리치고 몸짓한다. 이들은 전쟁 행위에 휘말려 있거나 곧 휘말릴 것이다. 기도는 전투다. 기도는 우리를 하나님 앞으로 데려간다. 그리고 거기, 하나님 앞에서 "이 어둠의 세상 주관자들과 하늘에 있는 악의 영들"(엡 6:12)과 겨루는 우리 자신을 발견한다.

기도하면서 조화를 경험할 수는 있지만, 그것은 모두 성취해 낸 조화지 자연스럽게 이루어진 것이 아니다. 그것은 창세기의 창조 세계에서, 브니엘에서의 씨름에서, 겟세마네에서의 분투에서 힘겹게 얻은 것이다. 우리의 삶과 사회가 표면적으로 고요하다면, 그리고 종종 어떤 이들에게는 정말 그런 경우가 있다. 그러나 표면 아래 깊은 곳으로 잠수한다면 우리는 격렬하게 전투하는 중인 군대를 볼 수 있다.

영적 최면제를 찾는 사람은 시편으로 기도하지 않는다. 혹은 적어도 시편으로 오랫동안 기도하지는 않는다. 시편은 우리를 동요하게 하는 원수들에 관한 이야기로 가득하다. 시편에서는 하나님이 주요한 주제지만 원수들도 둘째 자리를 견고하게 차지한다. 왜 그런가? 우리가 하나님에 대해 가장 열정적인 관심을 찾아볼 수 있는 바로 그곳에서, 상상할 수 있는 가장 깊은 대화를 그분과 나누는 그곳에서, 어떻게 어떤 완충 장치나 경고도 없이 그토록 지나치게 원수들에게 사로잡힐 수가 있는가? 하나님의 임재, 그분의 권능과 구원에 대한 압도적인 의식이 인간의 어려움을 보잘것없게 만들 수는 없는가? 위대한 자비의 실재에 침잠함으로써 복수하고자 하는 모든 충동을—지난 시절의 종교가 컨트리 가수들에게 그렇게 했듯이—'모든 사람을 사랑하도록' 하는 복음으로 변화시킬 수는 없는가?

기도의 삶이 우리를 따뜻한 우정으로 이끌어 주리라 전제하는 것은 이성적으로 충분히 타당한 일이다. 하나님의 은혜 안에서 안전을 누리고 그분의 자비 가운데서 확신을 얻어, 모든 사람과 모든 것을 언제나 즐거운 마음으로 바라보며 자연스럽게 하나님의 강의 흐름을 따르게 될 거라는 전제 말이다. 그러나 이성은, 최소한 기도 생활에서 검증도 경험도 되지 않은 이성은 원수의 문제에서 좋은 안내자가 되지 못한다. 시편을 안내자로 삼을 때, 우리는 기도하는 사람들에게 원수가 많았고, 그들 기도의 많은 부분에서 원수에 대해 다룬다는 사실을 알게 된다.

우리 대부분은 시편이 그런 주제를 다루지 않기를 바란다. 우리는 보통 우리가 바라는 대로 시편을 대한다. 그래서 지나친 편집을 가하여, 우리의 경건에 어긋나고 평안을 방해하는 부정적인 요소들은 잘라 버린다. 이러한 편집 작업은 대개 무의식적으로 이루어지는데, 부정적인 문구들을 피하고 상상력을 잠시 내려놓는 응급 조치를 취한다. 시편 137편은 거의 모든 사람이 개정 목록에 올려놓는 시다. 시편 137편은 시편의 걸림돌(scandal)이다.

## 걸림돌 시편

시편 137편은 이스라엘의 괴로웠던 포로 시절에 처음으로 지어진 시다. 이 시는 세 연으로 이루어지는데, 처음 두 연을 보면 가슴이 저며 온다. 이 서정적인 시는 창조적이고 신비로운 깊은 곳, 굴욕감을 느끼는 상황에 처한 인간이 존귀하게 여김을 받고, 모욕당하는 인간이 높임을 받는 곳으로 우리를 데려간다.

첫 연은 "우리가 바벨론의 여러 강변 거기에 앉아서…울었도다"로 시작한다. 외로운 포로 생활 때문에 힘찬 노래와 밝은 찬양에 대한 명성은 온데간데없어진 이스라엘 백성은 바빌론 사람들의 비웃음거리가 된다. "자기들을 위하여 시온의 노래 중 하나를 노래하라." 그러나 모든 음악이 그들에게서 떠나갔다. 그들의 삶과 목소리는 포로 생활의 사막처럼 삭막했다.

두 번째 연에 이르면 슬픔은 더 깊어진다. "우리가 이방 땅에서 어찌 여호와의 노래를 부를까?" 침묵만이 그들의 존엄을 유지할 길이다. 그곳에서 이런 백성 가운데서 노래를 한다면 신성 모독일 것이다. 그들은 그저 침묵함으로써 본향에 대한 충성심을 지킬 것이며 위엄 있고 거룩한 성소에 대한 기억을 영예롭게 할 것이다.

이 두 연에서 포로기 동안 상실, 거부, 모독이라는 고난으로 연단된 고품질의 강철이 우리 심장의 한가운데를 도려내고 우리를 그들의 눈물 어린 기도와 소리 없는 고통에 동참하게 하는 예리한 이미지와 날카로운 리듬을 만들어 낸다. 그들의 애수와 기교는 우리가 그들과 함께 그들을 위해 기도하도록 만든다. 그런 다음 이렇게 이어진다.

여호와여, 예루살렘이 멸망하던 날을 기억하시고
    에돔 자손을 치소서.
그들의 말이 헐어 버리라 헐어 버리라.
    그 기초까지 헐어 버리라 하였나이다.
멸망할 딸 바벨론아,
    네가 우리에게 행한 대로
    네게 갚는 자가 복이 있으리로다.
네 어린 것들을 바위에 메어치는 자는
    복이 있으리로다.

우리를 기도의 길로 인도하기 위한 서론 역할을 하는 시편 1, 2편은 '복 있는'(ashrey)이라는 단어로 시작하고 끝난다. 시편 1편은 하나님이 우리에게 하시는 말씀에 온전히 주의를 집중하면서 율법 묵상 훈련을 하라고 명령한다. 그래야 기도할 때 다른 사람의 말에 주의가 산만해지지 않고 우리에게 말씀하고 계신 하나님께 응답하는 데 집중할 수 있을 것이다. 이렇게 묵상하며 귀 기울이고 응답하는 자가 복 있는 사람이라 불린다. 시편 2편은 하나님이 인간의 형상을 하시고 역사 속으로 들어오셔서 그분의 통치를 확립하신 사실에 주의를 집중함으로써 메시아를 기대하는 훈련을 하라고 명령한다. 그래야 우리는 믿음 없는 권세자들 아래 있는 거만한 협박자에게 위협당하지 않을 것이다. 이 메시아의 임재를 신뢰하는 사람이 복 있는 사람이라 불린다.

시편 137편은 절정에 해당하는 행에서 '복 있는'(ashrey)이라는 같은 단어를 두 번 사용한다. 137편은 율법 묵상과 메시아에 대한 기대로 굳건하게 확립된 그 단어를 자기 문맥에 맞추어 사용한다. 이제 그 단어는 원수를 고발하는 상황에서 쓰인다. "네 어린 것들을 바위에 메어치는 자는 복이 있으리로다."

이는 노골적인 미움이다. 시편 137편의 전반부 행들에서는 그 어떤 문장도 이런 것에 대비하도록 우리를 준비시키지 않았다. 이는 하얀 대리석으로 만든 기념비를 더럽히는 검정색 페인트 스프레이 같다. 우리의 기도 책에 누가 이런 걸 넣어 놓았나? 이건 빼는 게 더 낫지 않을까? 수많은 사람이 그렇게 생각한다. 시편에 기초하여 편집에 편집을 거듭한 기도서, 찬송가 모음집, 예배 안내서를 보면 이 연이 삭제되어 있다. 이런 시편 절제법은 의심의 여지 없이 선의에서 나왔겠지만, 그래도 잘못되었다.

이런 편집이 잘못된 이유는 우리가 미움 또한 억누르지 말고 그에 대해 기도해야 하기 때문이다. 미움은 우리와 악의 영성(spirituality of evil) 사이의 감정적 연결 고리다. 그것은 우리나 다른 이들의 존재의 거룩함이 손상당할 때 격렬한 분노를 폭발시키는 것이다. 그것은 또한 우리 감정의 가장 추하고 위험한 상태, 즉 총알이 장전된 총의 방아쇠다. 우리는 그 추함에 당황하며 그 살인적인 실체가 두려워, 보통은 우리의 미움을 인정하지도 않고 그것에 대해 기도하지도 않는다. 그것을 부인하고 억누른다. 그러나 미움을 인정하지 않으면 그것은 빨리 그리고 쉽게 그것을 유발하는 악으로 변모할 수 있다. 그리고 미움에 대해 기도하지 않으면 악과의 전투에서 꼭 필요한 통찰력과 에너지를 잃는다.

애통하는 마음의 편집자들이 거들지 않더라도 시편의 기도에는 부정한 것들이 이미 충분히 드러나 있다. 우리의 기도 생활을 위해 시를 고른 히브리 편집자들은 강인한 사람들이다. 의도적으로 또 올바른 이유에서 그들은 시편 137편의 셋째 연을 포함시켰다. 기도의 삶은 우리를 힘겨운 나라로 데리고 간다. 그곳에서 우리는 악이란 우리가 추측할 수 있는 그 어떤 것보다 훨씬 더 광범위하다는 사실을 의식하고, 깊은 원한이 악착같이 그리고 깊숙이 세상사 속에서 활동하고 있음을 의식한다. 칸트가 말했듯이 "악은 급진적이다." 우리는 이 정도로 사태가 심각한지는 몰랐다. 우리 지성이나 정서는 이것을 다룰 준비가 되어 있지 않다. 우리는 몸부림친다. 화가 나서 입에서 침이 튄다. 최근에 원수로 판명된 이를 저주한다. 복수가 필요하다.

우리 대부분은 도덕주의에 근거하여 세상에서 무엇이 잘못되었는지를 해석하도록 배우며 자랐다. 도덕주의는 냉정하고 사심 없는 판단을 하도록 우리를 훈련한다. 마음 깊은 곳에서 도덕주의자는 진정한 희생자란 없거나 혹은 적어도 그리 많지 않다고 생각한다. 사람들은 그들에게 다가오는 것을 취한다. 그리고 결국 뿌린 대로 거둔다. 강간 피해자, 실업자, 정서적으로 병든 자, 포로, 난민 등 우리가 이들에 관한 자세한 사항들을 은밀하게 다 안다면, 사실은 "그들이 그것을 원했음"을 알게 될 것이라고 말한다.

그러나 시편에는 이런 요소가 하나도 없을 것이다. 시편도 삶의 도덕 구조를 전제하지만, 시편의 주요 과제는 단정적인 도덕주의를 함양하도록 훈련하는 것이 아니라 악과 씨름하도록 하는 것이다. 기도하는 그들의 통찰력은 원수를 드러내고 그에 대해 분노로 반응한다. 그들은 그들이 발견한 것을 미워한다. 재산을 빼앗긴 이들, 모욕당한 이들, 인간성을 말살당한 이들을 대신하여 그들이 본 원수들에 대해 하나님의 귓전에 쏟아 놓는다. "미움을 흡수하지 않고 오히려 그것을 효과적인 방법으로, 언약적 형식으로 전달한다."[1]

이 미움은 거룩함을 배경으로, 곧 하나님의 거룩한 말씀을 묵상하고 하나님의 거룩한 메시아를 기대하는 가운데 생겨난다. 기도하기 전에 우리는, 마치 오래전에 멸종한 공룡들에 관한 글을 읽는 것처럼, 알고는 있지만 무심한 상태로 고난과 잔인함에 관해 읽으며 두세 시간 평화롭게 앉아 있기도 했다. 그러나 이 거룩함 가운데서 기도로 침잠하면 이전에는 결코 보지 못했던 것, 즉 선한 창조 세계를 해치는 원수들 그리고 하나님의 형상으로 만들어진 남성과 여성의 인간성을 말살하는 원수들의 철저하고도 무시무시한 신성 모독을 분명히 본다. 이 세상에는 악한 사람들 때문에 엄청난 양의 고난이 전염병처럼 번져 있다. 강간과 약탈은 정중한 말과 예의 바른 관습으로 너무나 잘 가려져, 어떤 사람들은 그것을 의식하지 못한 채 수년을 보낼 수도 있다. 그리고 우리 자신도 그것을 보지 못했다. 그러나 이제 우리는 그것을 의식한다. 그리고 그것을 미워한다. 우리는 충격을 완화하는 사적 종교에서 벗어나, "이용당하고 학대받고 철저히 찢기면서도 잠잠했던 종들"[2]과 동료가 된다.

상처란 우리에게 하나님이 필요하다는 의식을 일깨우며 도움을 구하기 위해 무릎 꿇게 하는 일상적인 인간의 경험이다. 이와 마찬가지로 미움도 우리 주위의 모든 삶에 대한 무시무시한 파괴를 의식하도록 하는 촉매 역할을 하여, 우리가 정의를 위해 기도하도록 일으켜 세워 주는 흔한 인간의 경험이다. 분노는 종종 우리가 주의를 기울여야 하는 첫 번째 조짐이다. 우리가 위험도 모르고 자기만족 가운데 살아간다면, 분노는 종종 우리의 방어적이고 반듯한 외형을 신속하게 뚫고 고통을 가져다주는 유일한 감정이다. 이것이 기도가 미움을 정당화한다는 의미는 아니다. 기도는 미움을 사용한다. "진실로 사람의 노여움은 주를 찬송하게 될 것이요"(시 76:10). 상처 역시 좋은 것은 아니지만 우리에게 도움이 필요함을 일깨워 준다. 인간의 상처가 온전함을 성취하는 데 아주 유용한 첫걸음인 것은 아니다. 마찬가지로 인간의 미움도 의를 확립하는 데 아주 유용한 첫걸음은 아니다. 그럼에도 우리가 기도할 때 그것들은 어떤 걸음, 하나님의 임재로 들어가는 첫걸음이 된다. 그분에게 가져가는 우리의 문제를 다루는 방식을 그분이 알고 계심을, 우리가 마음속에 품은 방식보다 더 좋은 다른 방식을 알고 계심을 거기서 우리는 배운다. 그러나 기도하기 전에는 가르침을 받을 수 없다. 기도하지 않는 것보다는 서툴게라도 기도하는 것이 낫다. 물속에 침몰한 배는 조종할 수 없다.

우리는 하나님 앞에서 최선의 존재가 되고 싶어 한다. 기도란 하나님이 즐거워하실 수 있도록 하나님 앞에 자신을 내어 드리는 것이라고 우리는 생각한다. 우리는 기도할 때 최고로 좋은 옷을 입는다. 시편 137편도 우리 최고의 모습을 내놓으면서 우리가 기대하는 대로 나간다. 그러다 아무런 경고 없이 이런 틈—미움이라는 어두운 틈—이 생겨서 최악의 사태가 벌어진다.

할렐루야를 외치는 순간에는 하나님 앞에서 정직하기 쉽다. 그리고 우리의 상처에 대해 솔직하기는 조금 어렵다. 그러나 미움이라는 어두운 감정에 대해 하나님 앞에서 솔직하기는 거의 불가능하다. 그러므로 우리는 부정적인 감정을 대개 억누른다(그렇지 않으면 신경증 환자처럼 그에 대해 광고하고 다닌다). 혹은 그런 감정들을 표현할 때도 이렇게 저주로 얼룩진 작업복을 걸친 채로 나타나기가 당혹스러워서, 하나님의 임재에서 혹은 우리가 하나님의 임재라고 생각하는 것에서 멀찍이 거리를 두고 표현한다. 그러나 시편으로,

즉 하나님 백성의 이 고전적인 기도로 기도할 때는 그것이 가능하지 않음을 발견한다. 우리는 우리가 되었으면 하는 모습이 아니라 실제 모습으로 기도해야 한다. 기도할 때 모든 것이 달콤하고 쉽지는 않다. 기도의 길은 우리의 사랑스럽지 못한 감정을 훌륭해 보이는 덮개로 감추는 방식이 아니다. 오히려 그것들이 하나님 나라의 일을 위해 사용되도록 드러내는 것이다. "자신의 가장 엄청난 미움을, 그것이 심각하게 다루어질 것을 알면서도 하나님께 내맡기는 것은 깊은 믿음의 행위다."[3] 미움에 대한 기도는 우리 삶을 정의의 토대가 놓일 기초석이 되게 한다.

### 분노한 시편 저자

시편 137편은 미움을 폭발시킨 것으로는 시편에서 가장 유명하다(그리고 가장 부당하다). 그러나 이것이 결코 예외는 아니다. 시편에서 신랄한 저주의 연기를 뿜지 않는 페이지는 거의 없다.

> 악하고 못된 자의 팔을 꺾어 주십시오. (10:15, 새번역, 이하 모두)
> 불과 유황을 악인들 위에 비 오듯이 쏟으시며. (11:6)
> 그들은 주님께서 쌓아 두신 재물로 자신들의 배를 채우고. (17:14)
> 그들의 얼굴에 활을 겨누셔서. (21:12)
> 하나님이 경건하지 못한 자들의 뼈를 흩으셨기에. (53:5)
> 하나님, 그들의 이빨을 그 입안에서 부러뜨려 주십시오. (58:6)

그들을 생명의 책에서 지워 버리시고. (69:28)

주님의 폭풍으로, 그들이 두려움에 떨게 해 주십시오. (83:15)

저주하기를 옷 입듯 하였으니, 그 저주가 물처럼 그의 배 속까지 스며들고, 기름처럼 그 배 속에까지 배어들게 하십시오. (109:18)

그분께서 뭇 나라를 심판하실 때에…그 주검을…가득하게 하실 것입니다. (110:6)

하나님, 오, 주님께서 악인을 죽여만 주신다면…나는 그들을 너무나도 미워합니다. (139:19, 22)

시편 저자들은 분노한 백성이다. 하나님의 임재 안에서 그들은 이 세상이 모든 사람이 다른 사람들과 잘 지내기 위해 최선을 다하는 자비로운 곳이 아님을 깨달았다. 또 우리 모두가 좀 더 열심히 노력한다고 해서 모든 것이 올바르게 굴러가는 장소가 아님을 깨달았다. 그들은 기도를 통해 그들의 영혼과 사회 가운데서 "너(사단)로 여자와 원수가 되게" 하겠다는(창 3:15) 예언의 결과를 자각했다.

우리는 악에게 쉽게 속아 넘어간다. 겉모습만 봤을 때 악은 전혀 원수처럼 보이지 않는다. 예수님이 광야에서 시험받으실 때 악한 무언가가 있었다는 기록은 없다. 배고플 때 떡을 주고, 믿음을 독려할 기적을 베풀고, 정의로운 사회를 건설하는 데 사용할 권세를 습득하라고 하는 자가 있었을 뿐이다. 그러나 예수님은 40일 밤낮으로 기도하셨고 그 결과 공손하고 그럴듯한 제안의 실체를 간파하셨다. 기도는 그분에게 분별력을 주었다. 그분은 그 제안들이 원수에게서 왔음을 식별하셨다. 광야에서 돌아오셨을 때 그분은 이치에 맞게 협상하자고 하시지 않고 싸우자고 말씀하셨다. "내가 불을 땅에 던지러 왔노니"(눅 12:49).

성경의 마지막 책인 요한계시록은 종종 그 난폭한 어휘와 악한 이들에 대항해서 복수심에 불타는 심령 때문에 비난받는다. 그러나 사도 요한은 시편 학교에서, 또한 산지 사람들의 말대로 역시 훌륭한 독설가였던 예수님에게서 그것을 배웠다. 예수님은 베드로를 사단이라 부르셨고 바리새인들을 지옥으로 향해 가는 독사라 하셨으며, 연약한 이들을 억압하고 가난한 이들을 착취하는 끔찍한 대가를 치르면서 종교를 편안한 삶에 안주하게 하는 수단으로 삼은 자들의 우두머리들에게 화 있을진저라고 외치셨다(마 16:23; 23장). 사역을 마치실 시점이 가까이 왔을 때 예수님은 시편 137편에서 가장 무자비한 동사를 취하여 그것을 예루살렘이라는 별명을 가진 바빌론에 대하여, 하나님의 메시아를 죽이려고 준비된 하나님의 대적들을 가리키는 데 사용하셨다.[4]

### 너희 원수를 사랑하라

원수들에 대한 마지막 말씀은 시편을 잘 알고 계셨던 예수님의 몫이었다.[5] "너희 원수를 사랑하고 너희를 핍박하는 자들을 위해 기도하라." 그러나 원수를 사랑하는 데는 전제가 있다. 많든 적든 그들이 존재함을 알고 그들의 정체를 규명하기 시작해야 한다는 것이다. 원수들은 특히 믿음으로 사는 사람들에게는 삶의 실재다. 우리에게 원수가 있다는 사실을 모르고 그들이 누구인지 모른다면,

우리는 위험하고 순진한 상태로 "어둠 속에 만연한 해악"과 "대낮에 일어나는 파괴"를 막아 낼 준비도 못 하고, "우리를 악에서 구하옵소서"라고 어리석게 기도하며 사는 것이다.

하나님은 우리가 삶에서 만나는 원수들과 구원을 알아차리도록 하시는 데 우리의 미움을 사용하신다. 그러고 나서 또 우리가 희생자들을 향해 적극적으로 긍휼을 베풀도록 하시는 데 미움을 사용하신다. 그런 상황에 이르면 우리는 미움이 불을 붙이는 데는 필요한 불꽃이지만, 심판의 엔진에는 맞지 않는 연료임을 깨닫는다. 오직 사랑만이 이 열정을 지속시키는 데 적절하다.

그러나 원수들을 사랑하고 사랑 가운데서 그들을 위해 기도하는 일이 그들을 좋은 친구로 바꾸기 위한 전략이라 생각해서는 안 된다. 원수들은 우리에게 결코 사랑을 바라지 않을 것이며, 사랑은 종종 그들의 분노를 배가시키는 자극제 역할을 한다. 사랑은 연약함과 용서와 응답을 요구하지만, 원수들은 권세와 통제와 지배를 원한다. 예수님이 사랑하시고 기도하셨던 원수들이 그분을 죽였다.

9장

# 기도와 기억

곧 여호와의 일들을 기억하며
주께서 옛적에 행하신 기이한 일을 기억하리이다.
또 주의 모든 일을 작은 소리로 읊조리며 주의 행사를 낮은 소리로 되뇌이리이다.
하나님이여 주의 도는 극히 거룩하시오니
하나님과 같이 위대하신 신이 누구오니이까.
시편 77:11-13


이것을 행하여 나를 기념하라.
예수님, 고린도전서 11:24

대중 매체의 경이로운 확산으로
해마다 조금씩 좁아져 가는 이 지구는
기억하기를 거부하는 것이 그 특징으로,
명확함에서 탈피하는 과정을 보여 준다.
시인은 불안하다.
머지않은 미래에 역사는 텔레비전에 나타나는 영상으로 축소되고,
진리는 너무 복잡다단하기 때문에 완전히 절멸해 버리거나
그렇지 않으면 문서 보관소에나 묻히게 될 것을
예감하기 때문이다.

체스와프 미워시(Czeslaw Milosz)

기도는 고통과 감사, 분노와 같은 가장 자연스러운 행위로 시작된다. 그것은 산발적으로 일어난다. 그것은 어떤 점진적인 변화 없이 갑자기 경험된다. 그러나 기도가 계속되는 동안, 모으고 정돈하는 물밑 작업이 진행되어 기도는 우리의 가장 종합적인 행동으로 발전한다. 기도는 기억하는 행위로 무르익는다.

시편을 가르치는 사람들 사이에는 시편을 그 문체나 형식에 따라 정리하는 것이 보편화되어 있다. 감사 시편, 전원 시편, 메시아적 시편, 용서 시편 등으로 말이다. 그러나 이러한 분류는 그 의도는 좋지만 오도된 것이다. 기도는 우리의 너저분한 일상을 깔끔하게 정리해 주지 않는다. 기도는 우리의 무질서한 삶을 깨끗하게 라벨 붙인 서류철처럼 정돈해 주지 않는다. 기도에는 인생이 응집되어 있다. 인생은 깔끔하게 분류된 채로 우리에게 주어지지 않으며, 따라서 기도도 마찬가지다. 시편은 우리에게 인생의 물결이 우리에게 흘러오는 대로, 그 거친 물결이 우리를 적시는 대로 그 물결에 몸을 담그고 기도하라고 가르친다.

시편은 편집자의 손길을 거친 흔적이 뚜렷하게 남아 있다. 그러나 이 시편들을 경험의 범주에 따라 묶어 배열하려는 시도는 전혀 보이지 않는다. 독자들이 참고하기에 좋으라고 감사시들이 탄식시

묶음 뒤에 바로 나오지는 않는다. 그런 배열은 교수들이나 그 제자들에게는 유용하겠지만, 사실 시편은 다른 사람들이 어떻게 기도했는지를 배우는 교과서가 아니라 그 속에 우리가 직접 들어가 기도하는 법을 배우는 학교다. 우리가 실제로 그 안에서 살아가며 시편이 우리에게 기도를 가르치는 장소인 삶을 보자. 삶이란 매달 첫째 주에는 슬픔이, 그다음 주에는 감사가 할당되는 식으로 정해져 있지 않다. 경험이란 무작위로 찾아온다. 흔하고 평범한 고통과 슬픔이 엎치락뒤치락하면서 언덕을 굴러 내려온다. 회의와 믿음이 레슬링 경기를 하는데, 처음엔 이놈이 위에 올라탔다가 다음엔 저놈이 위에 올라타서 우열을 가릴 수가 없다.[1] 우리는 인생을 별개의 범주들로 나누어 정리할 수 없다. 인생은 그냥 닥쳐온다. 그것은 홉킨즈의 묘사처럼 "알록달록하고 변덕스러우며 주근깨투성이다."[2]

   우리는 문법에 따라 기도를 배우는 것이 아니라 부모에게서 배운다. 그것은 말을 배우는 것과 같다. 우리의 첫 국어 선생님이라 할 수 있는 부모가 우리에게 말을 어떻게 가르치는지 생각해 보자. 처음에는 명사와 동사를 차례로 가르치고 이것을 기초로 형용사와 부사를 어떻게 활용할지를, 그러고 나서 명령법과 가정법을 알려 주는 식으로 하지 않는다. 말들은 뒤죽박죽 엉킨 채 마구잡이로 굴러오고 우리는 그 말들을 닥치는 대로 익힌다. 우리는 고요한 자궁에서 헤엄쳐 나와, 무질서해 보이는 온갖 말의 파편이 시끄럽게 귓전을 때려 오는 요란한 폭포 속으로 들어온다. 우리 머릿속에 형태소들이 하나하나씩 자리를 잡아 가고 음소들은 후두와 입술을 통해 일관된 소리를 내기 시작한다.

우리가 기도를 배울 때 시편은 선생이라기보다는 부모 같다. 언어에는 말을 부분으로 나누어 분석하는 문법 체계가 있지만, 그것은 우리가 요람에서 말을 배우는 시기에는 별 쓸모가 없다. 마찬가지로 시편을 그 형식에 따라 분류하는 방법은 지극히 유용하지만, 우리가 '모국어'로 기도하기를 배우는 데는 유용하지 않다. 차라리 시편에서는 각 시들이 주어질 때마다 그 장면으로 들어가는 것이 낫다. 한 시에서 그다음 시로, 한 날에서 다음 날로, 한 주에서 다음 주로 나아가는 것이다. 그리고 그러는 가운데 무엇을 만나든지 그것을 받아들이고 그 속에 들어가는 법을 배우고, 하나님의 임재 의식을 훈련하며 그 인식의 깊이를 더욱 깊게 하여 하나님과 대화하는 데까지 나아간다.

이 훈련을 해 나가는 동안, 우리는 구문론에 대한 감각을 얻는다. (언어 그 자체에서와 마찬가지로) 기도에 사용되는 말들의 소리는 임의로 나오지 않는다. 비록 그 말들이 머릿속에서 임의로 떠오르지만 말이다. 발화되어 기도로 드려지는 모든 말은 서로 깊이 연결되며 그 기저에 어떤 구문론을 함축한다. 우리의 기도에는 문법적인 감각이 스며들어 있다. 시편으로 기도하는 가운데 우리는 기억들을 더 깊고 예리하게 다듬고 확장하여, 이 "태양에서 세 번째 행성"[3]에 사는 존재들이 사용 가능한 말의—경험의!—모든 부분에 접근할 준비가 되도록 한다.

우리가 기억해 낼 수 있다는 것, 즉 모든 감정과 생각, 눈으로 본 광경들과 귀에 들려온 소리들, 우리가 함께 이야기한 사람들, 읽은 책들의 모든 파편을 다시 불러 모아서 이 현재의 순간으로 끌어오는 능력은 경이롭다. 기억이란 "두뇌의 가장 중요한 기능으로, 이 기억을 통해 시각적이고 말로 이루어지며 정서적인 유리 조각들이 모자이크 속에 박혀 들어가, 나는 나라는 사람을 알아보게 된다."[4]

우리는 필연적으로 현재 시제로 살아가지만, 삶에서 우리와 함께하는 것은 대개 과거 시제에서 온다. 선조들로부터 이어져 온 것, 유전자를 통해 물려받은 것, 감각으로 알게 된 것, 다른 사람들이 마음의 양식과 안내, 지식을 통해 전해 준 것들이다. 우리 존재라는 대양의 밑바닥이 되는 이 거대한 기초에서 떨어져 나온다면, 우리는 깊이도 지혜도 없이 현재의 아슬아슬한 벼랑 끝에서 결핍된 존재로 살아가게 된다.

기도에서 기억을 회복하여 그것을 실천하는 데는 크게 세 가지 영역이 있다. 우리는 우리 안에 있는 창조의 모습에 대한 감각을 회복하고, 우리가 여러 방면에서 죄에 연루되어 있다는 인식을 회복한다. 그리고 구원의 나라를 느끼는 감성을 회복한다. 그렇지만 기도에서의 기억 작용은 단순히 시험을 치르면서 전에 공부한 여러 사실을 떠올리는 것과는 다르다. 기도하는 중에는 이런 일이 일어난다. 우리에게, 우리 안에서, 우리를 둘러싸고 일어난 일들, 즉 유전자와 문화와 여러 만남을 통해 우리 안으로 흘러들어 오는 실상들이 대사 작용을 거쳐 매일매일의 삶 속으로 흡수된다. 기도는 우리의 유전적·문화적·사회적 경험들을 취하여 그것이 믿음과 소망과 사랑으로서 우리 혈관에서 순환하게 만든다. 그래서 근육을 만들고 팔꿈치와 무릎 관절을 유연하게 하며 각질은 떨어져 나가고 새살이 돋아 상처를 낫게 한다.

## 창조의 모습

기도는 창조의 모습을 회복한다. 우리는 '하나님의 형상'대로 지음 받았다. 창세기에 따르면 우리는 보시기에 '좋았다'고 선포된 존재다. 우리 자신 그리고 우리 주위에 있는 모든 사람과 사물들은 이 본래의 아름다움, 이 놀라운 선함을 지니고 있다. 그러나 우리는 이 선함을 전혀 느끼지 못할 때가 너무 많다. 우리 자신을 '하나님의 형상'으로 인식하지 못한다. 그 대신 우리는 실패와 부적절함을 인식하며 비판과 거절을 경험하고 비참한 기분을 느낀다. 우리가 선하게 창조되었다는 기억은 실패와 부적절함이라는 짙은 안개 속에 가려져 버렸다.

  기도는 선한 창조 세계라는 실재로 다시 들어가는 것이다. 모든 시편은 이 질서 있고 목적 있는 아름다움에서 나온 것으로, 창조에 대한 기억을 되살린다. 창세기의 환경은 언제나 암시적이지만 가끔은 명쾌하게 드러나기도 한다. 시편으로 기도할 때 우리는 의식적으로 선한 창조 세계라는 실재로 들어간다.

  하나님은 우리의 삶을 괄호 안에 묶어 놓으신다. "여호와 우리 주여 주의 이름이 온 땅에 어찌 그리 아름다운지요!"라는 구절은 시편 8편의 첫 구절이자 마지막 구절이면서, 우리 삶의 첫 구절이자 마지막 구절이다. 이 괄호 안에 우리의 창조 세계가 있다. 이 괄호 안에 존재하지 않는 것은 아무것도 없다. 너무나 자주 우리는 경계와 한계 그리고 방향에 대한 감각을 잃어버린다. 우리는 "우주의 미아"[5]가 된 것처럼 느낀다. 이러한 소외의 극단적 형태는 조현병 환자에게서 볼 수 있는데, 이들은 자신이라는 인격적 존재가 어디까지며 다른 사람의 존재는 어디서부터인지 분간하지 못하고 결국 무서운 내적 무질서와 아무것도 명확하지 않은 혼란 속에서 살아간다. 창조 세계에 대한 감각과 자신이 창조된 존재라는 감각이 발달하면 명확함(definition)에 대한 감각도 발달한다. 나와 너, 나와 동물들, 나와 나무들과 별들과 바다 사이를 구분 짓는 선이 명확하다. 무엇보다도 나와 하나님 사이의 구분 선이 명확하다. 이 선은 하나님을 창조주로 그리고 나 자신을 피조물로 그려 주어서, 나 자신도 그 안에 활발하게 참여하고 있는 아름다움의 형태를 인식하게 해 준다.

입으로 하나님의 이름을 부르는 행위에서 질서의 회복이 시작된다. 하나님의 이름을 말하는 것, 그 자체가 방향을 똑바로 되돌려 준다. 내가 그분의 이름을 부를 때 주관주의라는 수렁에서 나를 건져 줄 밧줄을 잡은 것이다. 이제 내 삶은 나 자신보다 더 나은 다른 존재에게 향한다. 다른 존재를 이름으로 부르는 모든 행위는 창조의 실재를 선언하는 것이다. 나는 내가 이름으로 부른 그 존재와 구별된 존재며 따라서 나는 피조물이고, 창조자가 존재한다. 시편은 하나님을 지칭하는 이름들과 하나님을 명명하는 구절들의 눈부신 향연이다. 거기에는 무수히 많은 기도가 있다. 하나님은 다양한 이름과 비유로 불리시며(여호와, 지존자, 전능자, 바위, 방패)

그 표현되는 분위기와 강도 또한 넓은 범위에 걸친다(들으소서, 귀를 기울이소서, 내 부르짖음을 들으소서, 내 탄식에⋯내 기도를 들으소서).

또한, 개인적인 부름 뒤에 이어지는 말들은 창조 질서에 대한 확신을 표현한다. 우리의 말이 얼마나 무질서하건, 우리 경험이 지향점 없이 얼마나 뒤죽박죽이건, 말로 표현한다는 것은 그것을 형상화하는 행위다. 우리의 혼란과 추함과 혼돈을 기도로 아뢰는 바로 그 행위를 통해 질서가 우리 존재의 체계(system) 속에서 다시 작동한다. 말하는 행위는 한 단어 한 단어씩, 한 문장 한 문장씩 질서를 만들어 낸다.

그러나 이것이 전부는 아니다. 시편들은 시다. 즉 그 속에 있는 어휘들의 순서는 산문에 비해 훨씬 신중하게 고안되었다. 거기에는 반복과 비례, 운율과 춤추는 리듬 가운데 의미들의 무리가 벌이는 난해한 유희가 있다. 혼란이 형식을 갖춘다. 시적인 마음이란 창조주의 방식을 따라 창조의 패턴을 만들어 가는 창조적인 마음으로서, 창조의 모습을 닮는 데서 멀어진 것이 세상에 있는지 묻는 말로 창조의 형상을 드러내기 시작한다. 시편 기자는 울면서 말한다.

내가 탄식함으로 피곤하여
밤마다 눈물로 내 침상을 띄우며
내 요를 적시나이다. (시 6:6)

눈물로 흠뻑 젖은 이불과 축축한 요는 은유와 리듬에 의해 상쾌하고 깨끗하게 정돈된다. 혼란이 형식을 갖춘다. 창조가 체화된다.

그저 여기 존재하는 한 사람 속에 새겨져 있던 창조가 이제 말이라는 행위를 통해 의식 속에 그 모습을 드러낸다.

우리의 창조 세계를 회복하는 일은 우리 삶을 구획별로 깔끔하게 정돈함으로써 이루어지는 것이 아니라, 기도의 행위에서 언어를 회복함으로써 이루어진다. 기도는 우리에게 새로운 무언가를 주지 않는다(혹은 적어도 이 영역에서는 그렇다). 오히려 기도는 이미 존재하는 것이 표현되도록 한다. 그것은 기억을 활발하게 하여, 사실 언어 사용자로서 우리가 여러 번 경험하는 것들―한 단어를 말하자 그것이 한 문장이 된다―을 소유할 수 있도록 해 준다. 어휘들은 주의를 환기시켜서 별의 모양, 한 그루 나무, 사자의 움직임을 떠올리게 한다. 우리는 다른 존재가 실재함을 인식한다. 우리는 역사의 한 페이지에 대한 명백한 증거인 여행, 한 끼 식사, 야영지 같은 것들을 대면한다. 사건은 일어난다. 하루하루가 지난다고 해서 그 사건들이 기억에서 지워지지는 않는다. 사물들은 분자의 안정성 안에 서로 결속되어 존재한다. 인간은 웃고 있건 울고 있건, 부유하건 가난하건 자기 정체성을 인식하며 존재한다. 시편으로 기도할 때, 창조에 대한 우리의 희미한 기억은 명확한 체험으로 바뀐다.

### 죄에 연루된 존재

또한 우리는 우리가 죄에 연루되어 있다는 의식을 회복한다. 우리 안에 깊이 새겨져 있는 선한 창조 세계에 대한 기억이 자주 그리고 쉽게 우리 의식 속에서 사라진다면, 우리가 재앙과도 같은 죄에 연루되어 있다는 의식 또한 자주 사라진다. 우리는 실제의 자기보다 더 나은 존재인 척을 하며 살아간다. 우리는 잘못한 일에 대한 증거를 부인한다. 우리는 우리의 악함을 회피하려 한다. 그러나 죄를 피하고 부인하려는 태도는 창조 세계를 피하고 부인하는 것일 뿐만 아니라 우리의 인간성에서 벗어나려는 것이다. 왜냐하면 죄 역시 우리 삶의 실재며, 알 수 없는 방식으로 서로 침투하면서 창조 세계와 나란히 존재하기 때문이다.

시편은 죄인인 우리의 상태를 우리가 세세하게 인식하기를 기도한다. 선한 창조 세계에 대한 기억은 우리가 삶에서 하나님을 얼마나 생생하게 지속적으로 의식하느냐(다른 무엇보다도 이것이 기도가 우리에게 주는 선물이다)에 달려 있다. 또한 우리 죄를 인식하는 데도 살아 계신 하나님을 생생하게 의식하는 일이 필요하다.

죄의 가장 지독한 징후는 죄의 기억을 지우는 것이다. 이것은 우리와 하나님의 관계가 더럽혀짐으로써 생긴다. 우리가 우리 죄에 대해 세세하게 의식하기를 회피하는 일은, 완전함을 주장하거나 결백한 체함으로써가 아니라 우리에게 있는 모든 문제를 하나님에 대한 의식과는 별개로 생각하고 그것을 무지나 질병이라고 따로 이름을 붙임으로써 일어난다. 사실 새 이름을 붙이는 행위는 혼란을 가져온다. 우리의 문제와 하나님이 어떤 관련이 있는지 더는 명백하지 않다는 것이다. 잘못된 것이 있다면 그것은 우리 지성의 문제이거나(무지) 몸의 문제다(질병). 그래서 우리는 하나님과는 상관없이, 교육을 더 받거나 의학의 도움을 얻음으로써 어떻게든 문제를 해결할 수 있다.

더 논할 필요도 없이, 무지는 모든 인간에게 해당하는 근본 사실이며 세상과 우리가 안고 있는 많은 문제의 원인이다. 올바른 지식은 더 나은 삶을 살기 위한 수단이다. 이 생각은 지금까지 세상에서 가장 광범위하게 발전해 온 학교 교육 제도로 표현되었다. 질병 또한 논의의 여지 없이 모든 인간에게 해당하는 근본 사실이며 세상과 우리가 안고 있는 많은 문제의 원인이다. 만일 우리가 전혀 아프지도 않고 아무런 장애도 없다면 우리는 좀 더 효율적으로 행동할 수 있을 것이다. 이러한 생각은 의학이 발전하면서 지금까지 이어졌다. 학교와 병원은 교회(즉, 기도하는 곳)를 제치고 우리의 문제를 해결해 주는 중요한 자리를 차지했다.

그러나 멋진 학교와 놀라운 병원이 그렇게 생겨났어도 사람들은 더 행복해진 것 같지 않다. 사람들은 더 많이 배우고 더 건강해졌지만, 그들의 삶은 더 악화되었다. 양질의 교육과 의료 혜택을 받고 있지만, 이혼율은 놀랄 만큼 높고 각성제가 남용되며 천사들마저 놀랄 만큼 하찮은 것을 좇느라 시간과 돈을 허비하고 있다.

분명 우리에게는 교수와 의사들도 어떻게 손쓸 수 없는 문제가 있다. 그 문제가 바로 죄다.

죄는 우리 지성이 잘못되어 생긴 것이 아니다. 그것은 우리가 하나님과 반목하고 있는 끔찍한 무질서다. 이것이 인간의 상태다. 이 무질서는 우리 주변과 내면을 온통 채우고 있는 실상이지만, 우리는 그것을 잊고 싶어 한다. 그 실상을 기억하는 일은 하나님을 기억하는 일이기도 하다. 그리고 하나님을 기억한다는 것은, 분투하며 적극적으로 그리고 사랑 안에서 살아간다는 의미다. 우리는 가끔씩 이런 삶을 갈망하는 때가 있지만 그러한 순간은 오래가지 않는다. 차라리 골프나 치러 가고 만다. 차라리 병원에 가서 종합 건강 검진을 한 번 더 받고 만다. 대학에서 다른 강의를 듣는 게 더 낫다. 우리는 하나님을 제쳐 두고서 잘 살 수 있는 방법을 찾아 헤맨다. 그러나 결과는 실패다.

기도할 때 우리는 하나님의 살아 계신 임재 속에 깊이 잠긴다. 시편으로 기도할 때 우리는 우리 삶과 역사의 모든 부분을 통해 기도하며 우리가 죄에 복잡하게 연루되어 있다는 사실을 깨닫는다. 우리는 시편에서 인간이 하나님과의 분리라는 재앙 가운데 있음을 반역, 방황, 무법, 악덕, 죄악, 거짓, 어리석음, 부패, 사악함 가운데 있음을 세세하게 인식할 수 있는 총천연색 단어집을 얻는다. 일곱 편의 '참회시'(6, 32, 38, 51, 102, 130, 143편)는 우리에게 이러한 자각을 일깨워 주는 것으로 가장 유명하지만, 거의 모든 시편이 습관화된 망각이라는 그늘에서 우리의 세세한 죄를 끄집어낸다.

체스터턴(G. K. Chesterton)의 소설에 나오는 브라운 신부가 모든 범죄 사건을 해결할 수 있었던 까닭은 "그가 전에 똑같은 죄를 저질러 보았기" 때문이다. 이처럼 기도하는 사람이 모든 자비를 경험하는 이유는 그가 그 모든 죄를, 심판을 불러오고 용서를 비는 그 모든 죄를 저질렀기 때문이다.

우리가 짓지 않는 죄들이 있다면 그것은 대부분 우리에게 덕이 있어서가 아니라 그럴 만한 힘이 없거나 기회가 없어서다. 만일 우리가 정말 기운이 넘치고 더 많은 기회를 얻는다면 지금보다 훨씬 많은 죄를 지을 것이다. 그러니까 기회가 있었더라면 우리가 지었을 죄를 대신 지었을 사람들과 함께 지내는 것은 다행일지도 모른다. 시편은 우리가 실제로 지은 죄뿐 아니라, 그렇게 기운이 없지만 않았다면 당시에 충분히 지을 수 있었을 죄에까지 우리의 기억을 확장한다.

## 구원의 나라

회복이 미치는 셋째 영역은 구원의 나라에 대한 느낌이다. 창조 세계가 우리 기억에서 북극에 위치한다면 죄는 남극에 있고, 구원은 그 사이에 있는 다섯 개의 대양과 일곱 개의 대륙이라 할 수 있다. 보통 우리는 이것이 얼마나 넓은지 그래서 다 탐사하려면 평생 얼마나 많은 시간이 걸리는지에 대한 개념이 없다. 우리는 구원이라 하면 무언가 순간적이거나 간헐적으로 일어나는 사건으로 생각하는 습관이 있다. 하나님이 우리 영혼을 영원히 돌보아 주시겠다고 약속하시는 특별한 간섭 같은 것 말이다. 그러나 구원은 총체적이고 포괄적이다. 구원은 세상을 끌어안고 역사를 둘러싸며 삶을 관통한다.

기도는 구원의 나라를 탐사하는 일이다. 산등성이를 따라 걸으며 꽃향기도 맡아 보고 밖으로 돌출된 암석도 만져 보면서 말이다. 구원이라는 엄연한 사실을 깨닫고 그것을 증명하는 일도 중요하지만, 그 이상이 있다. 우리는 은혜와 자비, 복에는 셀 수 없이 많은 세세한 부분이 있음을 알고 맛보아야 한다. 기도는 바로 이 일을 위한 수단이다.

기도는 우리가 이 나라에 들어갈 수 있도록 해 준다. 기도는 우리가 구원을 경험할 때 편협한 상태에 머물도록 놓아두지 않는다. 기도는 구원을 어떤 슬로건이나 암호로 진부하게 만들지 않도록 저항한다. 기도는 우리의 선한 창조 세계와 우리가 경험하는 죄를 하나님의 행위 속으로 가져간다. 즉 모든 것을 거두셔서 제대로 작동하게 하시는 하나님의 구원 행위 속으로 가져간다. 구원은 아무 것도 그냥 내버려 두지 않는다. 구원은 종교의 영역에만 갇혀서 세속주의의 모욕을 받는 그런 것이 아니다. 그것은 온 나라에 사랑을 선포하겠다는 의지를 드러냄으로써 세속적이고 불경한 것에 침입하는 힘으로, 상상력을 가지고 가차 없이 쇄도한다.

기도는 행동으로 나타나지 않을 수 없다. 기도를 통해 우리는 선한 창조 세계에 대한 기억을 회복하여 용기를 얻지만, 결코 거기에 그치지 않는다. 또 우리는 우리의 끔찍한 죄라는 불편한 기억을 떠올리는 데서 그치지 않는다. 언제나 우리는 구원하는 행위로 나아간다. 그것은 우리의 모든 관계를 하나님과 함께하는 믿음, 소망, 사랑의 행위로 회복하는 것이다.

구원이란 광범위한 단어로, '구원하다' '살리다' '속죄하다' '구속하다' '돕다' '회복하다' '구조하다' '치료하다' 등의 의미를 모두 담고 있다. 이 동사들은 끝없이 이어지는 은유들로 길게 엮여 있다. "내 영혼을 스올에서 끌어내어"(30:3), "나의 베옷을 벗기고 기쁨으로 띠 띠우셨나이다"(30:11), "그의 모든 뼈를 보호하심이여"(34:20), "방패로 함같이 은혜로 그를 호위하시리이다"(5:12), "많은 물에서 나를 건져내셨도다"(18:16), "골수와 기름진 것을 먹음과 같이 나의 영혼이 만족할 것이라"(63:5), "우리의 영혼이 사냥꾼의 올무에서 벗어난 새같이 되었나니"(124:7), "갇힌 자들에게 자유를 주시는도다"(146:7). 인간이 상상할 수 있는 일 중 하나님의 이 구원하시는 행위에서 제외되는 것은 아무것도 없다. 그분의 의지로는 가지 못할 곳이 없다.

내가 하늘에 올라갈지라도 거기 계시며
스올에 내 자리를 펼지라도 거기 계시니이다. (시 139:8)

"그의 모든 은택을 잊지 말지어다"라는 구절은, 구원 시편인 103편의 진열장에서 가장 중요한 자리를 차지하는 문장이다. '은택'에 해당하는 명사 '그물'($g'mul$)은 어떤 행위에 새겨져 있다. 그것은 무언가를 무르익게 하신 혹은 무르익게 하고 계시는 하나님의 행위다. 사실은 바로 그것이 하나님이 하시는 행위의 전부다. 그것은 죄와 얽히고설킨 창조 세계의 혼란함 구석구석에 역사해서 우리와 그 나라가 완성되도록, 완전한 결말에 이르도록 한다. 주의를 기울여 잘 살펴보면 그 증거—**그물**—는 어디에나 있다. 그러나 우리 눈앞에 우리 구원의 하나님이 주도하고 계시는 진행 중인 역사, 완성되지 않은 과업들이 더 자주 나타나 이 증거를 놓쳐 버리기가 너무 쉽다. 그러나 우리가 "그의 모든 은택을" 잊어버린다면, 우리는 우리 자신의 노력, 불량한 계획을 최선으로 만들고자 스스로 힘을 들인 노력이 하찮은 것임을, 가능한 기회들을 어떻게든 이용해 보고자 한 시도가 매우 시시한 것임을 알게 될 뿐일 것이다. 우리가 "그 모든 은택을" 잊어버린다면 우리는 심리학자들이 '감각 상실증'이라고 명명한 상태에 빠질 것이며, 그 나라의 주요한 활동인 끊임없고 역동적이며 풍성한 구원 역사에 대해 눈이 멀고, 귀가 먹고, 말문이 막히고 말 것이다.

우리 삶은 대부분 하나님이 하신 일 가운데 있다. 그 일은 우리를 창조하시고, 우리에게 말씀하시고, 우리를 사랑하시는 것이다. 우리가 이 중 어느 하나라도 기억하지 못한다면 우리는 우리 존재의 가장 풍요로운 측면을 빼앗긴다. 뇌 손상에 대한 의학적 진단은 즉각적인 자극과 즉각적인 감각만을 인지한다는 것이다. 즉 기억 없이 살아가는 것이다. 기도하지 않으면 우리는 횡설수설 뭔지 모를 말만을 하게 된다. 종종 그것은 학식을 갖춘 모습일 때도 있지만, 어쨌건 온통 횡설수설하는 것이다. 언어는 말의 모든 부분을 연결하는 구문론이 필요하다. 만일 우리가 말에서 많은 부분을 알지 못하거나 자꾸 잊어버린다면 우리는 '피그 라틴'(*Pig Latin*, 어두의 자음군을 어미로 돌리고 [ei]를 덧붙이는 어린이 말장난 — 옮긴이)이나 지껄이게 될 것이다. 대학에서 학위를 얼마나 많이 땄는가와는 상관없이 말이다.

### 의미의 산

기억이란 우리 경험의 조각들을 종합적이고 일관된 넓은 맥락 안으로 모으는 신비한 능력이다. 단지 느끼는 것만을 지각하는 삶은 일관성이 없다. 그것은 자극과 반응의 연속일 뿐이다. 기도하지 않는 삶은 종교적이거나 종교적이지도 않은 감정들의 따분한 반복에 불과하다. 그런 삶에는 무언가 '더해지는 것'(adds up)이 없다. 어떤 의미가 쌓이지도 않는다. 기도는 하나님과의 기억들을 만들어 간다. "서서히 친밀함이 생겨난다. 먼발치에 보이는 랜드마크에 다가가듯이, 원인과 결과가 서로 맞물리기 시작하여 가까이 모인다. 경험들은 그 자체로 윤곽을 그리기가 너무 모호해서 그 연관성을 한눈에 알아보기가 어렵고, 그저 커다란 덩어리로 인식된다. 그러다가 마치 기차가 커브를 돌 때처럼 돌연 어떤 빛이 반사하여 비춘다. 의미의 산이 당신이 오던 방향 뒤편에 솟아 있었음을, 그리고 여전히 그 자리에 솟아 있음을 나중에야 돌아보고 알게 된다."[6] 기억은 인간의 영혼이 지난해의 경험을 어제의 일과 연관 짓고 동시에 다음 주, 내년의 일까지 예측할 수 있게 하는 능력이다. 존 헨리 뉴먼(John Henry Newman)이 절묘하게 표현했듯, 시편은 우리 기억을 훈련해서 우리가 기억해 낼 수 있는 가장 깊은 경험들, 즉 "우리가 오래전에 매우 사랑했으며 한동안 잃었던 경험들"과 연관을 맺게 한다.[7]

이렇게 함으로써 기억은 향수와는 다르다는 점이 뚜렷해진다. 기억은 과거 지향적이지 않다. 그것은 활기찬 현재 시제다. 그것은 과거라는 창고에서 골라내어 되살아나고 잘 배열된 이미지들과 통찰력이며, 그것들을 현재의 순간에 쓰기 위해 한데 모아 망치로 두드려 모양을 잡은 것이다. 성 아우구스티누스는 과거와 현재 그리고 미래의 경험을 통합하는 과정에 대한 가장 좋은 본보기는 시편을 소리 내어 읽으며 기도하는 것임을 깨달았다.[8] 시편 기자들은 그들의 기억과 우리의 기억이 힘차게 작용하게 한다. 기도는 기억하는 행위다. 만일 우리가 지금 이 세대의 지식에만 틀어박혀 있다면, 아니 설상가상으로 우리 자신의 회심 경험에만 갇혀 있다면, 우리는 터무니없이 피폐해지고 말 것이다.

10장

---

# 기도의 끝

주의 성도들아 여호와를 찬송하며 그의 거룩함을 기억하며 감사하라.
그의 노염은 잠깐이요 그의 은총은 평생이로다.
저녁에는 울음이 깃들일지라도 아침에는 기쁨이 오리로다.
시편 30:4-5

내가 진실로 너희에게 이르노니
여기 서 있는 사람 중에는 죽기 전에
하나님의 나라가 권능으로 임하는 것을 볼 자들도 있느니라.
예수님, 마가복음 9:1

우리가 시작이라고 하는 것이 흔히 끝이고,
끝을 맺는 것은 곧 시작하는 것이다.
마지막 지점이 바로 출발점이다.
. . .
우리는 탐험을 그치지 않을 것이고,
모든 탐험의 끝은
우리가 출발한 곳에 도착하는 것이며
처음으로 그곳을 알게 되는 것이다.

엘리엇

기도의 끝은 찬양이다. 시편은 기도의 마지막인 찬양을 보여 주는데, 여기서 마지막이라는 단어에는 두 가지 의미가 있다. 첫 번째 의미는 말 그대로 끝인데, 마지막 시편 150편에 나타난 마지막 말이라는 뜻이다. 두 번째 의미는 목적지다. 모든 시편 기도는 지도에도 없는 고통과 회의와 곤경이라는 숨겨진 나라들을 통과하는 기나긴 여정 후에 도착하는 곳이다. 가끔 햇볕이 드는 땅을 밟았던 여행길의 추억을 안고서 말이다.

매우 의미심장하게도 이 마지막 말은 또한 첫말이기도 하다. '찬양하다'(*halel*)라는 동사의 명사형(*tehillim*)이 바로 우리 기도서의 제목이다. '찬양의 책'(*sepher tehillim*)은 우리가 보통 "시편"이라고 이름 붙인 150개의 기도에 붙여진 히브리어 제목이다. 영역본에 붙여진 제목 "시편"(Psalms)은 70인역(주전 3세기에 시작된 히브리어 구약 성경의 그리스어 번역)에 사용된 그리스어 '프살모이'(*psalmoi*, 찬양들)에서 왔다.

'찬양들'이라는 제목이 우리의 주의를 끄는 이유는, 시편의 내용을 반영하는 정확한 제목이 아니기 때문이다. 대개 시편은 불평투성이다. 상처 입은 사람들이 어찌할 도리가 없어 도움을 호소하는 내용이다. 절망스러운 상황에서 쥐어짜 낸 것이다. 명실상부한 시편

학자 헤르만 궁켈은 불평하는 기도야말로 시편의 척추라고 했다.[1] 그렇다면 이러한 기도들을 '찬양들'이라고 이름 붙인 것은 어떤 점에서 적절한가? 이는 숱한 고통과 회의와 곤경의 내용을 매력적인 미소로 포장한 허위 광고에 불과한 것 아닌가? 이러한 제목은 이렇게 이름 붙이지 않았다면 거절했을 것에 우리를 연결하기 위하여, 기도의 본질을 매일의 경험으로 축적된 데이터가 장담하는 것과는 달리 더 유쾌한 무언가로, 그러니까 꼭 '약을 삼키게 하려고 먹이는 한 숟가락의 설탕'으로 왜곡하는 것인가? 기도의 삶은 우리가 세계와 우리 삶의 현실을, 기도 없이는 전혀 들리지 않았을 테고 가능한 한 분명히 피하려 할 현실을 깊이 있고 정직하게 다루게 한다. 우리가 정말로 이것을 절감하기 원하는가? 우리는 그렇게까지 생각하기 원하는가? 시편은 우리로 거절과 소외와 죄책이라는 고통스러운 마음을 품게 하는데, 우리는 그러한 고통을 묻어 둔 채 표층에서 훨씬 더 행복한 체하며 살아갈 수도 있다. 과연 그곳이 기도의 종착지임을 알고도 우리는 거기에 서명할 것인가? 그렇다면 이 제목은 경건한 속임수에 불과한 것 아닌가?

　'찬양들'이란 제목이 통계적으로 정확하지는 않지만, 실제로는 정확하다. 마지막, 즉 최종 완성품을 정확하게 설명해 주기 때문이다. 모든 기도는 충분히 해 나간다면 찬양이 된다. 어떤 기도든, 그 발단이 아무리 절박하건, 아무리 화나고 두려운 경험을 거치건, 찬양으로 마친다. 물론 항상 쉽고 빠르게 거기에 도달하는 것은 아니지만—이런 여정은 일생이 걸릴 수도 있다—기도의 마지막은 늘 찬양이다. 사실 '찬양들'은 우리의 기도서에 붙일 수 있는 유일하게 정확한 제목이다. 이것은 기도의 여정을 결정지어 주는 목적이기 때문이다. "마지막 지점이 바로 출발점이다."

출발점보다는 마지막이 훨씬 더 우리의 삶을 결정짓는다. 우리의 성장에서 우리가 만들어진 목적은 생물학적 요소보다 더 중요하다. 인과 관계에 대한 아리스토텔레스의 철학적 분석을 보면, 궁극적으로 결정적인 것은 첫 번째 원인(우리가 나아가도록 하는 발길질)이 아니라 최종 원인(final cause, 목적인, 우리를 종국으로 끌어가는 유혹)이다.[2] 우리는 정확하게 프로그램화되기만 하면 경제적 번영이 자동으로 따라오는 복잡하게 제조된 유전자 칩들이 아니다. 우리는 미완의 피조물들이다. 목적을 갈구하고 미래의 가능성 때문에 생기가 도는 그런 존재들 말이다. 인간에게 미래란 가장 창조적이고 가장 기본적인 시간의 한 측면이다. 인생이란 "우리가 하고자 하는 일을 결정하는 것, 그러므로 우리가 아직 다다르지 못한 존재인 것, 그리고 미래의 모습이 되고자 출발하는 것으로 이루어진 역설적인 실재다."[3] 성경은 우리의 출발 조건을 설정하는 데는 몇 페이지만 할애한 반면, 우리 안에 미래의 맛을 돋우는 데는 수백 페이지를 할애한다. 성경은 우리로 한 이야기 안으로 들어가게 하는데, 그 이야기 속에서 미래는 항상 현재에 영향을 미친다. 그러므로 우리는 우리의 출발점에서 나와서 우리의 마지막 실재에 부합하는 방식으로 살아간다. 아이나 청소년 시절뿐 아니라 성인이 되어서도 '나의 미래상'은 내가 잉태되었을 때 받은 유전자 코드보다도 나의 말과 행동 그리고 성장 과정에 훨씬 더 많은 영향을 미친다.

기도는 우리의 가장 강렬하고 내면적인 미래에 관한 행위다. 기도의 정의상 모든 기도는 하나님을 향한 것인데, 이러한 목적 때문에 그 기도들은 최종적으로 "호흡이 있는 자마다" 여호와를 찬양하는 하나님의 존전에 드려진다. 찬양은 흔히 감추어져 있긴 하지만, 기도에 있어 심오한 종말론적 차원이다.[4]

## 예기치 않은 찬양

시편 전체는 이것을 암시한다. 자주 그렇지는 않지만, 끔찍한 애통의 한가운데에서 논리적인 과정이 무시되고 어떤 전환점도 없이 갑자기 찬양이 나타난다.

예를 들면, 시편 13편이 그렇다. 하나님께 다섯 개의 거친 질문이 쏟아지고 삼중의 절망과 함께 강조된 세 개의 탄원이 따른다. 그 기도는 순전히 애통뿐이다. 그 질문 중 어느 하나에도 응답이 주어졌다는 증거가 없다. 단 한 번만이라도 그 탄원들을 인정한다는 신호도 없다. 절망적인 상황이 덜 절망적인 상황으로 변했다는 조짐도 전혀 없다. 그러나 느닷없이 그리고 까닭도 없이 애통이 찬양으로 변한다.

> 나는 오직 주의 사랑을 의지하였사오니
> > 나의 마음은 주의 구원을 기뻐하리이다.
> 내가 여호와를 찬송하리니
> > 이는 주께서 내게 은덕을 베푸심이로다.

첫 번째와 마지막 동사 ("의지하였사오니"와 "베푸심이로다")를 보면 완료된 행동으로 표현되어 있지만, 그것을 입증할 만한 경험이 설정되어 있지 않다. 기도의 경험이란 것도 회의(다섯 질문에 나타난)와 상실(세 탄원에 나타난)이 고작이다. 그럼에도 두 가지 행동이 일어났다고 말한다. 하나님이 '베푸셨고' 백성이 '의지하였다.' 그렇다면 어디에서, 어떻게, 왜? 우리는 모른다. 아무 일도 '일어나지' 않았다. 그러나 어쨌든 결코 설명된 적은 없지만 종종 실제로 나타난 방식으로, 제우스의 머리에서 튀어나온 아테나처럼 최악의 것들을 기도하는 그 행위 속에서 찬양이 돌연 우러나와서 충만해지고 화려하게 무장한다. "나의 마음은…기뻐하리이다" "내가…찬송하리니." 잠시 그 기도는 찬양 속에서 그 최종 목적, 즉 기도의 완성과 맞닥뜨린다. 칼 바르트(Karl Barth)는 말한다. "대부분의 기쁨은 예상한 바"이며, "보통 종말론적 성격이 있다."[5]

사람들이 기도할 때 이런 일들이 항상 일어난다. 가장 예기치 못한 때에, 전혀 예기치 못한 장소에서 찬양이 터져 나온다.[6] 심리학이나 문법으로는 이것을 설명할 도리가 없다. 윌리엄 쿠퍼(William Cowper)의 말대로, 그리스도인이 노래하는 동안 간혹 한 줄기 빛이 그를 놀라게 할 수 있는데, 그것은 다름이 아니라 날개 속에 치유를 품으시고 몸을 일으키시는 여호와다. 놀랄 것도 없이 이런 일이 시편에서는 많이 일어난다. 많은 병고에 시달리며 힘든 삶을 살았던 아빌라의 성 테레사(St. Teresa of Avila)는 험담꾼들로부터 괴롭힘을 당하고 친구들의 오해를 받으면서도, "이생에서 보상이 시작된다"는 기분 좋은 증언을 확인해 준다.[7]

## 알파벳으로 찬양하기

바로 그 기도의 본질에 깊이 박혀 있는 찬양의 '목적'(telos)은 시편 145편에서 일정한 형태를 갖추기 시작한다. 시편 145편에는 찬양(t'hillah)이라는 제목이 붙어 있는데, 시편 중에서 이렇게 명시된 유일한 기도다. 이것은 시편의 결론부에 해당하는, 정교하게 꾸민 마지막 장면 중 첫 번째다.

시편 145편은 알파벳 시(acrostic) 형식으로 배열된 시 모음집이다. 히브리 알파벳 스물두 자가 그 순서대로 인용문 혹은 인용문에 준하는 글의 첫 글자가 된다. 이 인용문들은 앞에 나오는 144개의 시를 모방하고 되풀이한다.[8] 이러한 알파벳 시 모음의 놀랄 만한 특성은 그 형식(시편에서 알파벳 시가 처음 나온 것은 아니다)에 있는 것이 아니라, 단호하게 일념적인 선택성에 있다. 각각의 첫 문장들은 찬양하는 문장이다. 애통과 불평은 조금도 허용되지 않는다. 고백과 혼란도 허용되지 않는다. 온통 찬양 일색이다.

이것이 두드러지는 까닭은 알파벳 시가 모든 알파벳을 포용하는 완전성을 제안—약속이 꼭 아니더라도—하기 때문이다. 시편은 하나님 앞에서 인간의 환경 전체—스올의 심연과 시룐 고지, 조용한 초록색 평원과 잔인한 자칼이 출몰하는 황무지—를 탐구한다. 결론에 해당하는 시 모음집에서 우리는 대요를 기대하는데, 이 대요란 광범위한 기도, 즉 산을 오르고 굴을 파며 고되게 여행한 지역들처럼, 놀라우리만치 광범위한 기도를 우리 앞에 간직해 줄 시행들을 골라 모은 것을 말한다. 결국 중요한 것은 우리가 이 경험 가운데 단 하나도 잃지 않는 것 아닌가? 인간성의 모든 복잡성에 대해 백과사전처럼 망라한 표현 가운데 단 한 음절도 놓치지 않는 게 중요하지 않겠는가? 그러나 그 대신에 우리는 찬양, 온통 찬양을 보게 된다. 지빠귀를 열여덟 번씩이나 이 각도에서 저 각도로 바꿔 가며 반복해서 살펴보는 월리스 스티븐스(Wallace Stevens)의 시처럼, 시편 145편은 단 하나의 주제를 히브리어 알파벳을 모두 사용하여 다양하게 다룬다.

이제 결론의 기초가 놓였다. 모든 시작하는 기도에는 기도의 마지막이 암시되어 있음을 우리는 알고 있다. 지표면과 날씨가 처음에는 어떤 모습이건, 성체(eucharist)가 지표면 밑에 숨어 있다가 결국에는 드러나게 된다는 사실을 알고 있다.

### 최후의 풍부함

그러나 이렇듯 세세한 알파벳 시를 안다고 해도, 이는 우리가 다음에 나올 것을 준비하는 데 거의 도움이 되지 않는다. 그것은 바로 다섯 개의 할렐루야 시편으로, 각각은 바로 앞의 시편 145편보다도 더 풍부하다. 막바지에 나타난 이러한 풍부함은 시편의 편집 과정에서 적절하고 기분 좋은 마지막을 장식하고자 임의로 도입된 것은 아니다. 그것은 기도에 있어서 자연스러우며 기도의 본질에서 나온다.

앞에 나오는 할렐루야 시편(111, 112, 113편)은 유월절, 즉 축제 예배 때 드려지는 모든 이스라엘 기도의 핵심인 구원의 대축제를 축하하기 위해 채택되었다. 그리스도인들에게 이 축제는 주의 만찬이라는 성례전에서 구체화된다. 이 성례전은 찬양과 축복을 결합한 감사 기도라는 특성을 따라서 성찬(eucharist, 헬라어로 '감사')이라 불린다.

그렇다면 성찬은 창조와 구원으로부터 나오는 이스라엘의 할렐루야를 한데 아우르는 기독교적 용어이며, 그것들을 그리스도 안에서 그 목적에 이르게 하는 것이다. 성찬은 마지막, 즉 기도의 목적과 결론을 설명해 준다. 성찬의 충동은 기도에 내재하며 결국에는 그 자체로 나타난다.[9]

시편 전체를 주의 깊게 살펴보면, 이러한 마지막에 대한 예표가 아주 자연스럽게 나타난다(사람들이 기도할 때 이러한 일은 항상 일어난다). 그러나 또한 그것들은 정식으로 중간중간에 삽입되어, 최후의 찬양에 대한 축적된 기대가 바로 그 시편의 구조 속에 장착된다. 편집 의도에 따라 배열된 다섯 책(1-41편, 42-72편, 73-89편, 90-106편, 107-150편) 각각의 마지막에는 송영이 나온다.

> 이스라엘의 하나님 여호와를
> 영원부터 영원까지 송축할지로다!
> 아멘, 아멘! (시 41:13)

> 그 영화로운 이름을 영원히 찬송할지어다.
> 온 땅에 그의 영광이 충만할지어다!
> 아멘, 아멘! (시 72:19)

여호와를 영원히 찬송할지어다!

아멘, 아멘! (시 89:52)


여호와 이스라엘의 하나님을

영원부터 영원까지 찬양할지어다!

모든 백성들아 아멘 할지어다!

할렐루야! (시 106:48)


호흡이 있는 자마다 여호와를 찬양할지어다!

할렐루야! (시 150:6)


처음 네 개의 송영은 핵심 위치를 차지하는 '찬송'(blessing)과 '아멘'이라는 단어를 사용하는 하나의 공통된 테마의 변주곡에 해당한다. 찬양은 첫 단어로서(한글 성경에는 문장 뒤에 나오지만―옮긴이) 먼저 창조와 창조 세계로 흘러넘친 하나님의 풍성한 선하심에 대한 약속과 기대를 설정한다. 그리고 하나님에 대한 확신, 즉 그분의 가장 확실한 예(Yes)를 확고히 하는 두 번의 아멘이 마지막 단어다. 이 두 번의 아멘은 세 번이나 같은 형태로 반복된다(41:13; 72:19; 89:52). 네 번째 경우에는 "모든 백성들아 아멘 할지어다!"란 표현으로 나타나는데(106:48), 이는 마지막이란 느낌을 주는 요소가 된다. 그러고 나서 추가 표현으로 보이는 할렐루야가 따라붙는다. 다섯 번째 책의 결론을 맺어야 하는 시점에 이르러, 멋지고도 힘찬 찬송과 아멘이 사라지는데, 이는 할렐루야를 전체를 주도하는 핵심 단어로 부각하기 위해서다. 시편 150편은 할렐루야로 시작해서 할렐루야로 마칠 뿐 아니라, 시종일관 할렐루야가 내재해 있다. 이 할렐루야들은 연속적인 포성과도 같다. 찬양을 의미하는 모든 히브리 단어 중에서도 가장 강력한 이 단어가 열세 번씩이나 기도의 성찬적인 목적을 반향하면서 온 땅 위에 뇌성처럼 울려 퍼진다.

그뿐 아니다. 시편 150편은 고립되지 않는다. 네 개의 할렐루야 시들이 그 앞에 더 삽입되어 있으므로 시편 150편은 시편 결론부에 해당하는 다섯 개의 시 중 다섯 번째가 된다. 이 다섯 개의 할렐루야 시는 다섯 권으로 이루어진 시편 각각의 책들에 해당한다. 그리고 마지막 책 즉 150번째 시는 다섯 번째 책과 다섯 권 전부에 대한 결론이라는 이중의 임무를 수행한다.

이 다섯 개의 할렐루야 시는 특별히 견고하다. 그것들은 하나님의 구원과 구속, 창조와 섭리의 모든 행위를 드러내서 할렐루야 시 모음집에 장식처럼 연결한다. 그것들은 바람과 물속에서, 과부와 고아에게서, 까마귀와 천사에게서, 비파와 수금에서, 용과 성도에게서 할렐루야 소리가 울리게 한다. 기초가 되는 시편 145편과 함께 다섯 개의 할렐루야 시는 전적으로 찬양으로 건축된 대성당이다. 우리가 제아무리 고난당하고, 회의에 빠지고, 분노에 휩싸이고, 절망과 회의에 빠져 "어느 때까지니이까?"라고 질문한다 할지라도, 기도는 종국에 찬양으로 발전한다. 모든 것은 찬양의 문을 향해 나아간다. 찬양은 기도의 완결판이다. 이것은 다른 기도들이 찬양보다 열등하다는 말이 아니라, 충분히 기도하면 모든 기도가 찬양에 이른다는 말이다.

이러한 구성 양식은 완결성을 확인해 주는 것 외에도, 지름길이 없다는 사실을 암시한다. 선택하고 조정하며 결말짓는 사려 깊고 고통을 감내하는 과정은 상투적으로 내뱉는 유창함과는 아주 상반된다. 이것은 우리가 어떤 혼란에 빠져 있는지와 상관없이 아무렇게나 재빨리 던져지는 찬양의 말이 아니다. 시편의 이러한 정교한 결론은 우리의 기도가 찬양으로 끝날 테지만 적지 않은 시간이 걸리리라는 점을 말해 준다. 절대 서둘 일이 아니다. 어떤 기도가 할렐루야에 도달하고 시편 145편의 알파벳 시에서 시편 146-150편에 도달하기까지 수년이 걸릴 수도, 심지어 수십 년이 걸릴 수도 있다. 모든 기도가 하나같이 찬양으로 매듭지어지지는 않는다. 실제로 대부분의 기도는 그렇지 않다. 시편이 진정한 안내자라면 말이다. 그러나 기도와 기도하는 삶은 결국에는 찬양이 된다. 기도는 항상 찬양을 향해 가며, 결국 거기에 도달할 것이다. 만일 우리가 기도 가운데 인내한다면, 웃고 운다면, 회의하고 믿는다면, 씨름하고 춤추고 또다시 씨름한다면, 분명히 우리는 시편 150편에 이르러서 벌떡 일어나 "앙코르! 앙코르!" 하며 갈채를 보낼 것이다.[10]

뒤에 이어질 음을 따라 멜로디의 완성을 기대하는 음표처럼, 기도 안에는 항상 이러한 미래성의 요소가 있어서 우리를 완성의 지대, 즉 영광과 찬양의 지대로 끌어간다.[11] 미래는 환상이나 공포 같은 우리의 기분에 따라서 채워져야 할 공백이 아니다. 미래는 우리가 기다리고 받아들여야 할 광명의 원천이다. 우리의 삶은 아직 미결인 채로 있다. 우리의 기도는 과거와 현재를 훨씬 뛰어넘어 약속되고 예언된 것에 이르는 삶을 표현한다. 기도할 때 우리는 우리 자신에 대한 이해를 더는 우리의 현재와 과거에 한정할 수 없다. 우리는 우리 자신을 실현될 가능성의 측면에서, 사도 바울의 말을 빌리면 장차 나타날 영광이라는 측면에서 이해한다.

 이렇게 시편은 마지막 결론에 도달한다. 믿음의 모험으로 삶을 감행하는 사람들의 모든 기도 경험은 찬양으로 귀결되는 울림 있는 결론에 도달한다. 어떤 기도든 모든 기도의 마지막은 찬양이다. 우리의 삶은 선으로 채워진다. 땅과 하늘은 각별하게 연결된다. 울리는 심벌즈 소리가 영광을 선포한다. 찬양. 아멘. 할렐루야.

**부록**

# 현장의 소리

나는 적절한 기회가 있을 때마다, 주기적으로 시편으로 기도하기를 시작한 사람들에게 이 방법으로 기도하면서 경험한 것을 적어 달라고 부탁한다. 10-15분가량 시편으로 기도한 후에, 5-10분 정도 글을 쓰게 한다. (시편에 대해 어떤 의견을 말한다거나 그것을 설명하려 하지 말고) 무엇이든지 마음과 머릿속에 떠오르는 것을 적는 것이다. 글을 쓰면서 하나님께 응답하는 기도자 자신에게 주의를 집중한다.

그중에서 몇 편의 글을 여기에 수록한다. 여기에 시편이 우리의 기도 본문이 될 때 어떤 일이 일어나는지에 대한 증거—"현장의 소리"—를 제시한다. 이 중에는 내 강연을 들은 사람들도 있고 대학과 신학교에서 내가 가르친 학생들도 있으며 직접 만난 적은 없지만 내 글을 보고 반응해 준 사람들도 있다. 이 글들은 우리가 시편을 동반자로 삼아 기도의 삶을 추구하는 동안 우리의 친구들에게서 받은 스스럼없고 개인적인 '현장의 기록들'이다.

유진, 이번 여름에 시편으로 기도하는 법을 배울 수 있도록 도와

주셔서 감사합니다. 하나님은 제가 교회 직원의 삶이라는 껍데기를 깨고 나오게 하셨어요. 사방에 저처럼 그리스도인들밖에 없는 안락한 일상에서 벗어나 비즈니스의 세상, 즉 선생님이 '벗겨 내라'고 하신 그 자아의 세상으로 들어가게 된 거죠. 그 세계가 저의 중심으로 파고들어 오지 않고, 그리스도인인 제가 그 세계로 옮겨 가게 된 것은 얼마나 긍정적인 확장의 경험인가요. 모든 것에 대해 기도하는 법을 배우고 있답니다. 그중에서도 특히, 가끔씩은 역겨울 정도로 다루기 힘든 고객과 상황들에 대해서 말이죠. 그러나 제가 좁은 교회 사무실에서 편하게 지낼 때보다, 그런 상황에서 하나님이 저를 좀 더 효과적으로 사용하시며 또 사용하실 수 있다는 걸 압니다.

※

지금도 집중해서 듣고 있어요. 시편으로 줄곧 기도해 왔죠. 그렇지만 예수님에게 느끼는 거리감만큼이나 시편과도 거리감을 느껴요. 기도에서 의미를 뽑아내는 것이 제게 얼마나 어려운지 절실하게 느꼈답니다. 아마도 '뽑아내다'라는 단어보다는 비밀을 캐낸다는 말이 좋을 거예요. 이 강의 과정 자체와 시편 기도가 우주에서는 애써 손에 넣을 것이 없다고 말하죠. 모든 게 그저 존재한다고, 시간이 시작될 때부터 거기 있었다고 말이죠. 저는 스스로가 정말이지 풀기 힘든 문제인 것 같아서, 제 껍질이 마치 황제의 옷처럼 벗기기 힘들다는 생각만 들지요. 저는 그리스도를 원합니다. 이렇게 말하는 게 조금은 두렵지만요. 하나님을 두려워하지는 않아요. 그게 무슨 뜻인지도 모르고요. 떨리는 경외감을 어느 정도 이해할 수는 있지만, 아직은 그런 것을 느끼지는 않아요. 지금은 갈등 중에 있답니다. 부정(apophatic)의 방식으로 저 자신을 비우고 묵상하기를 원해요. 시편은 저와 맺어지지 않는 걸까요? 저의 뿌리 깊은 의심은…믿음에 관한 한 저는 아웃사이더라는 것 혹은 제 노력이 별 소용이 없다는 것이죠. 형편이 이렇다면 무수한 기독교 신학은 제게 공허하게 들릴 뿐이죠. 그리스도에 대한 믿음이 없다면 저는 쳇바퀴만 돌리고 있는 것이나 다름없습니다. 예수님을 관상하기 원하지만, 그 전에 먼저 그분을 만나야 한다고 생각해요.

한 가지 더 말할 게 있어요. 저는 믿음의 물가에 와 있답니다. 물속에는 제 하나님과 제 생명, 말씀이 있습니다. 멋지게 다이빙을 하건 구석에서 슬쩍 들어가건 그건 별로 중요하지 않아요. 저는 물을 갈급해 하지만, 물을 전혀 구경해 본 적이 없어 어떻게 해야 할지 모르는 사람처럼 행동합니다. 저는 물가에 앉아 있을 거예요. 시편을 계속 읽을 겁니다. 모든 게 제대로 되는 때가 오면 푹 젖은 채로 살아 있는 저를 발견하게 되겠죠. 그만큼의 믿음은 있지요.

저는 모든 영역(지성, 감성, 행동, 영)이 인간에게 필수적인 부분이라는 사실을 경험하고 믿게 되었어요. 임상 치료사로서 제가 하는 일 중에 주요한 부분은 전인성(the totality of persons)을 소유하고 즐길 수 있도록 격려하는 거죠. 제가 만나는 사람들은 너무나 자주 자신의 부정적인 모습만 주장해요.

시편이 제 기도 생활의 중요한 부분을 차지하게 된 때는 1970년대 중반부터였습니다. 당시 저는 몸이 건강하지 못한 데다 치료 중에 받는 심한 스트레스 때문에 무척 힘들어했죠. 디트리히 본회퍼(Dietrich Bonhoeffer)의 책을 처음 읽은 것도 그때였어요. 그가 매일 기도 생활을 하면서 일정하게 신약 성경과 시편을 읽는다는 점을 주목했죠. 저도 그 방법을 따라 하기 시작했고, 다른 본문보다도 시편을 보며 제가 겪고 있던 어두운 문제들에 대해 더욱 강한 감정 이입을 했습니다. 26년의 결혼 생활 끝에 맞은 이혼으로 인해 저는 어디로 발걸음을 옮겨야 할지 몰랐습니다. 오랫동안 이런저런 모임과 교회를 전전했죠.

시편은 제가 경험한 치유/성장, 정체성 찾기, 주인 의식을 갖는 과정에서 이루 말할 수 없는 귀중한 보배와도 같았습니다. '잘 돌아가는 세상'이라는 가면의 이면을 볼 수 있었고, 깊은 구덩이에서 기도하는 법을 배웠습니다.

시편으로 기도할 때 항상 조용하기만 하지는 않습니다. 때로는 외로움과 상처 때문에 하나님께 심하게 화를 낼 때도 있습니다. 하지만 존재하지 않거나 저와 아무 관계도 없는 신에게 화를 내거나 실망한다는 일은 불가능하죠. 그분은 제 감정을 아십니다. 그리고 시편은 그분 앞에서 그 감정들을 인정하게 해 줍니다. 시편은 정서적·육체적·영적 경험의 깊이와 높이를 인정해 주고, 하나님이 우리 인간으로 인간 됨을 온전히 경험할 수 있도록 의도하신 것을 명확히 알게 해 줍니다. 시편이라는 극장에서 말입니다.

〜〜〜〜

한동안 저는 존재가 되어 가는 여정, 하나님이 의도하신 진정한 인간 존재가 되는 여정으로 이끌어 줄 무언가를 찾아 헤맸습니다. 시편과 함께하면서 이 성장을 가능하게 하는 뿌리가 드러났고, 하나님의 영광을 구하며 신중하고도 통합적으로 사는 법을 (은혜로) 배울 수 있는 기초가 드러났습니다. 이러한 강의 과정과 독서, '시편으로 기도하기' 초기 연습을 통해 저는 세상을 향해 발산하고 들어가 변화시키는 포용력 있는 영적 생활뿐 아니라 저의 훈련-금욕적 훈련-을 위한 최고의 도구로서 매일의 시편 기도가 꼭 필요함을 깨닫는 중입니다.

실제로 시편 기도 생활은 대체로는 잘 진행되었습니다. 하루씩 거르거나 기도하면서 의심하고 확신을 잃어버려 때로는 실망할 때도 있었지만 말입니다. 이럴 때 나무 은유나 시편 1편을 묵상하면 격려가 됩니다. 배경 연구가 특별히 도움이 되었는데, 이것은 '덮개를 벗겨 내어' 시편이 제 기도에서 살아 있고 의미 있으며 저와 관련 있는 것이 되게 해 주었습니다. 두 양식—존재가 되는 기도(prayer to become)와 '이야기'를 밝혀 주는 연구—사이의 균형은 각각을 입증하는 데 꼭 필요합니다. 감정과 저를 분리하는 것은 그것에 좌우되지 않기 위해서뿐 아니라 그것들을 무시하지 않기 위해서도 필요함을 곧 깨달았습니다. 좋은 감정이건 나쁜 감정이건 그것은 올바른 지도를 받도록 하나님께 올려 드려야 할 우리의 희생 제사의 일부입니다. 시편의 리듬은 시의 호흡을 찾는 데 시간을 내도록 합니다. 저는 또한 히브리인들이 말하는 날의 리듬이 유용하다는 사실을 발견했습니다. 저녁(시 4편)과 아침(시 5편) 시편을 습관으로 삼으면 훨씬 더 쉽게 최상의 상태에 들어갑니다. 제 소망은 하나님의 은혜로 계속 나아갈 수 있도록, 시편이 저 자신과 성도 공동체를 둘러쌀 수 있도록, 자아 중심의 보상을 바라기보다는 순종에서 우러나와 시편을 읽고 말할 수 있도록 인내와 끈기를 갖게 되는 것입니다.

〜〜〜〜

수업 중에 특별히 제게 유익했던 한 가지 측면은 일기 쓰는 법을 배운 것이었습니다. 시편을 읽으며 생각을 구체화하고 제 삶에서 이전에는 분명치 않았던 생각의 패턴과 리듬을 인식하게 되었습니다. 운율과 단어에 따라 소리 내어 읽는 것에는 특별히 통찰력이 있었습니다. 그런 뒤 3-4분 정도 시편에 대해 묵상한 내용을 쓰는데, 이것은 제가 느꼈던 기복이 존재한다는 사실을 이해하게 해 주었습니다. 그런가 하면 숙제를 통해서 이전에는 경험해 본 적 없는 언어로 성경에 대한 생각을 표현하는 유익을 얻었습니다. 한 달 만에 시편 전체를 가지고 기도하는 것이 제게는 조금 빠름을 깨달았습니다. 그리고 다른 사람이 제가 쓴 글을 읽지 않으리라는 점은 참 다행이었습니다. 솔직히 시편을 읽는 것을 좋아하지는 않았지만, 묵상한 내용을 적는 훈련은 제게 큰 도움이 되었습니다. 어떤 단어를 사용하느냐는 그다지 중요하지 않았습니다.…하지만 시편에 몰입하면서 이전에는 느껴 보지 못했던, 다윗 그리고 성령님과의 관계가 제 안에 생겨났습니다. 제가 가장 배우기 힘들었던 교훈은…남편이나 아들, 저 자신뿐 아니라 하나님과 다른 사람을 비판하는 것이었습니다. 비판하는 것은 제 기질과 맞지 않았습니다. 그래서 잘못을 지적하고 분노를 겉으로 드러내고 증오를 인정하라는 것들이 낯설지는 않았지만, 그것들이 저의 성격에서 드러나지 않도록 해 왔다는 사실을 새롭게 깨달았습니다. 누군가를 싫어한다고 하나님께 말할 수 있게 된 것은 제게 엄청난 변화입니다. 제가 누군가에게 부정적인 감정을 지니고 있다면 그것은 잘못이고 그와 같은 감정들을 인정해서는 안 된다고 항상 생각했기 때문입니다. 그러나 이 수업은 하나님이 우리에게 주신 감정들을 다루는 새로운 관점을 제시해 주었습니다. 이 개념을 완전히 파악했다고는 생각하지 않지만, 이것은 확실히 제 신앙 여정에 새로운 디딤돌입니다.

시편으로 기도하는 것이 제게 준 주요한 영향 중 하나는, 우리의 개인주의적이며 과학 기술적인 사회가 하나님과 친밀하고 속 깊은 대화를 나누려는 우리의 의지에 어떻게 거슬러서 작용하는지를 본 것입니다.

생애의 반 이상을 학교에서 정보를 습득했고, 특히 4년간의 대학 생활에서는 사람들을 교묘하게 다루어 물건을 사도록 하는 동기 부여의 언어를 사용하는 법을 배운 제가(저는 대중 매체/마케팅을 전공했습니다), 교회 역사에서 교회의 언어를 전환하도록 훈련하는 도구로 시편이 사용되었다고 배운 것은 매우 큰 충격이었습니다. 인쇄 지향적인 우리 사회에서 하나님의 말씀을 그분이 계속해서 말씀하시고 우리가 계속해서 응답하는 역동적인 구두 대화보다는 기록된 말씀이라는 정적인 축적물로 보아야 한다는 주장은 일리가 있습니다.

기도에 시편을 사용하여 역사 속 모든 하나님의 사람이 씨름한 문제들과 반응에 우리를 연결하는 일은 정말 흥미진진했습니다. 그리고 정신없이 빠른 속도로 지나가는 이 시끄러운 사회에서 시편으로 기도함으로써 어떻게 삶의 속도를 늦추고, 우리의 격분한 행위들을 잠재우는 부드러운 자연의 리듬에 우리를 조화시키는지도 흥미로웠습니다.

시편으로 기도하는 개인적인 경험을 통해 저는 하나님과 사람 사이의 대화를 듣고 그 대화에 참여할 수 있는 귀를 갑자기 갖게 된 것처럼 느꼈습니다. 시편으로 기도하는 일은 저의 필요와 능력을 내려놓고, **하나님의** 능력과 행위에 초점을 맞추는 것임을 발견했습니다. 저는 하나님이 그분의 백성의 원수들에 맞서 싸우시는 전쟁을 세세하게 이야기해 주는 안내서로 시편을 보게 되었습니다.

제가 시편 저자의 언어로 이야기하는 동안, 제 이야기가 그의 이야기에 녹아 들어가 주관적인 감정들을 넘어서면서 하나님과 저

자신에 대한 이해가 넓어졌습니다. 시편에서 저는 하나님이 시편 저자에게 새 소망과 힘을 주시는 동안 그의 분노와 적대감이 변화되는 모습을 볼 수 있었습니다. 제가 기도하는 그 순간에는 시편 저자와 같은 깊은 고통을 느끼지 않았을 수도 있음에도 불구하고, 그의 말을 낭독하는 일이 예상되는 고통의 상황에 대한 두려움을 줄여 주었습니다. 하나님이 시편 저자의 삶에서 어떻게 일하셨는지를 보면서 위로를 받았기 때문입니다. 반대로, 제가 슬플 때 기쁨의 시편으로 기도하면 시편 저자의 소망을 붙잡고 하나님이 제 삶 가운데 위대한 일을 행하신 때를 떠올릴 수 있습니다.

지난 몇 주 동안 매일 시편으로 기도하면서 저는, 시편을 저 자신과 하나님의 역사 공동체를 연결하는 통로로 보는 데서 나오는 제자도에 관한 진정한 깨달음을 얻었습니다. 하지만 아직도 깊은 감정을 그 언어로 표현하거나 그 리듬이 전 인격을 통해 흐르도록 하지는 못하는 실정입니다. 시편이 분노와 적대감을 기도로 올려 드리는 수단과 이 정신없는 세상 속에서 속도를 늦추도록 하는 수단이 되도록 저는 계속해서 자라 가야 할 것입니다.

지난 몇 주 동안, 하나님은 기도와 영성에 대한 제 이해를 확장하셨습니다. 그분은 몇 가지 오해를 털게 하시고 강의와 독서를 통해 제게 통찰력을 주셨습니다. 그러나 더 중요한 것은, 그분이 기도 가운데서 시편을 통해 새로운 방식으로 저를 만나 주셨다는 것입니다.

시편으로 기도하는 동안 하나님의 임재 경험이 폭넓어졌고 성숙한 영성으로 자라 가기 원하는 열망은 더 깊어졌습니다.

이전보다 훨씬 더 깊이 땅의 것을 받아들일 수 있게 되었습니다. 행동과 쉼, 일과 놀이 사이에 존재하는 리듬의 진가를 인정하고 저 자신의 '동물적' 본성에 관심을 가지기 시작했습니다. 자연에 나타난 하나님의 은혜를 좀 더 명확히 보기 시작했고, 그 은혜를 받아들이게 되었습니다. 저는 매일같이 접하는 다양한 풍경과 냄새, 맛, 감정들을 즐깁니다. 이처럼 단순히 이 땅의 본성에 열리게 되자 하나님과의 관계가 풍성해졌고, 그저 '기도 시간'뿐 아니라 종일 그분과 관계를 맺게 되었습니다.

하나님과 우리의 **관계**는 기독교 신앙에 매우 근본적이기 때문에 그것을 보호하고 잘 계발하는 것은 중요합니다. 시편은 이렇게 할 수 있는 언어를 제공해 줍니다. 시편을 통해 저는 (하나님은 어차피 모두 아시는) 개념과 정보를 표현하는 방법뿐 아니라 감정을 표현하고 관계를 계발하는 법을 배웁니다. 기도하면서 제가 매일 하는 모든 일을 하나님께 말하거나 그분 앞에 모든 기도 제목을 가지고 나올 필요는 없습니다. 오히려 그날의 사건에 대해 어떻게 느끼고 반응하는지를 이야기하고 진정 제게 중요한 문제들을 그분 앞에 기도로 가지고 나와야 합니다. 시편은 이렇게 하는 법을 가르쳐 줍니다. 모든 진리와 모든 감정을 표현하는 포괄적인 시편은 없습니다. 각각의 시편은 특정 진리를 탐구하고 특정 감정을 온전하게 표현합니다. 오로지 통합적으로 볼 때 비로소 시편은 폭넓은 진리와 감정의 범위를 드러냅니다.

시편으로 기도하면서 영성과 기도에 대한 시각이 확장되었습니다. 제 영성을, 제 삶의 제한된 한 측면으로 보기보다는 존재를 폭넓게 정의하는 방식으로 보기 시작한 것입니다. 하나님의 불변하심과 영원한 성품이 저의 가장 중요한 중심에 공급되리라는 사실을 믿는 한편, 자유롭게 감정을 표현하기 시작했습니다. 마침내 하나님과의 친밀한 관계에 기초한 존재가 되는 법을 경험하고 연습하기 시작한 것입니다.

―――

크게 소리 내어 시편으로 기도하려고 애쓰면서, 그 일에 집중하기 어렵다는 것을 깨달았습니다. 시편에 드러나는 운율이나 음악성조차 찾지 못하는 것 같았습니다. 몇 년 전에는 종종 느꼈던 재미도 발견하기 어려웠습니다. 지난 몇 달 동안 머리는 매우 분석적으로 변했고, 마음은 무감각해졌습니다. 부분적으로 이런 현상은 제 삶에 일어난 커다란 변화 때문일 수도 있습니다. 1년 전쯤 저는 콜롬비아에서 가르치고 있었는데, 당시에는 제가 대학원에서 이렇게 열심히 공부하고 전혀 다른 문화에서 살 줄은 미처 몰랐습니다. 저는 엄청난 분량의 지적 정보와 성찰에 노출되었지만, 스스로는 그것을 차근차근 '소화하지' 못한다고 느꼈습니다. 커다란 중압감에 시달리다 지쳐 버렸습니다. 세상이 너무 빨리 돌아갔습니다.

그때 시편을 읽으며 이러한 마음을 가지고 나아왔고, 거기서 저의 목마름을 읽을 수 있으리라 생각했습니다. 이 문제를 돌아보면서, 성경으로 나아가는 데 소비지상주의와 '쓰레기' 사회의 영향력이 있다는 사실을 깨닫게 되었습니다. 저의 시편 연구는 '제' 필요(말씀이 효과적으로 작용하는 법)와 '제' 시간(시간이 더 이상 하나님의 것이 아니라 '나의 것'이라는 말은 개인주의를 가장 '대중적으로' 표현합니다)과 '제' 마음(나의 지식으로 이해하고 그것을 해석하여 얻는 것)에 종속되어 있었습니다. 저는…'기능적인' 마음과 외로운 영혼 사이의 긴장 가운데 있었다는 사실을 깨달았습니다. 이런 상황에서 관상이라는 단어는 아무런 의미가 없는 듯 보였습니다. 전혀 실제적으로 들리지 않았습니다. 좀 더 단순하게 생활하면서 비로소 이전에 하나님과 교제했던 시간을 잃어버렸다는 사실을 알아차렸습니다. 그런가 하면 성경을 공부할 때의 제 태도가 지식을 '소비하는' 태도와 같다는 점도 깨달았습니다. 그때는 시편을 그저 크게 소리 내어 읽는다고 해서 기쁨을 느낄 수는 없었습니다.

그러나 매일 계속해서 시편을 읽고 '묵상하려' 애쓰면서 시편 저자가 하나님께 자신의 영적 공허와 좌절감을 자유롭게 표현했음을 발견하였습니다. 친밀함으로 가는 첫 단계가 정직임을 발견한 것입니다. 이런 친밀감이 명령법들과 도움을 요청하는 부르짖음 그리고 분노와 슬픔, 증오, 절망 등 감정의 개방적인 표현―더구나 그것이 허용될 뿐 아니라 아무 거리낌 없이 드러납니다―에서 드러나는 '원초적' 언어의 사용과 관련이 있다는 사실 또한 제게 충격을 주었습니다. 이 점은…기도할 때 제가 느끼는 장애물에 대해 생각하게 해 주었습니다. 예를 들면, 분노라는 감정을 매우 어릴 적부터 억압했기 때문에 나쁜 것으로 여겼고, 지금도 하나님께 분노를 표현하기가 무척이나 어렵고, 대개는 우울해지고 슬퍼집니다. 이와 비슷하게 명령법으로 말하거나 적대하는 감정 같은 원초적인 태도들에서도 이런 현상이 벌어집니다.

저는 시편 저자가 하나님과 친밀하고도 자유로운 관계를 맺은 아주 건강한 인물임을 보았습니다. 이 점에서 제가 얼마나 많이 자라야 하는지 깨닫습니다. 제 증오심을 기도로 아뢰고, 제 감정들을 투명하게 인정하고 받아들이고 의사소통하는 자유를 누리는 법을 배우고 싶습니다. 또 시편은 공동체 속에서 드려진 기도이므로, 원초적인 언어로 표현하는 일이…사적인 시도가 아니라 하나님의 백성 된 공동의 경험이라 추측해 봅니다.

기도하면서 자신의 감정을 속박하는 것들을 부수어 버릴 수 있음을 발견하는 일은 아주 매력적인 경험입니다. 제가 진짜로 그렇게 느끼지 않는 한, 항상 좋은 말만 하지 않아도 됩니다. 하나님 그리고 제 아버지를 정직하게 대하는 모험을 감행할 수 있습니다. 그리고 아버지에 대한 감정을 하나님께 투사하지 않아도 됩니다. 이제는 두 아버지의 유사성과 차이점을 훨씬 더 잘 구별할 수 있기 때문입니다.

저는 천성적으로 '관리인'입니다. 여관 관리인, 장부 담당자, 살림하는 사람 등 일반적으로 관리인은 모두, 비록 그들 자신의 삶은 아니더라도 '관리해야' 할 것을 보호하고 유지하고 돌보며 기르는 데 많은 시간을 들입니다. 따라서 제가 유년 시절에 하나님을 죽인 순간, 저 스스로가 영적 소유의 관리인이 된 것은 자연스러운 과정처럼 보였습니다.

어릴 때 저는 무한하신 하나님과의 관계를 하나님에 대한 저의 유한한 개념들과 혼동했습니다. 거기에 따른 존재 위기에서, 하나님은 제 개념들과 함께 죽으셨습니다. 자포자기한 채 점점 더 분노하고 반항하게 되었죠. 기도는 하나님 앞에서 주먹을 휘두르며 제게 지성―신을 죽일 수 있는 무기, 그가 죽는 데 동의함으로써 저를 고아로 만들 수 있는 무기―을 준 하나님을 저주하는 행위가 되어 버렸습니다.

마지못해 제 유년 시절 하나님의 죽음을 받아들인 뒤에는, 거실에 그 송장을 세워 놓고 "제게 말을 하란 말입니다!"라고 소리 지른다면 다시 살릴 수 있을지도 모른다고 생각하면서 그 앞에서 기도했습니다. 결국, 이런 쓸데없는 노력에 지쳐 버렸지만 말입니다. 넝마가 되어 버린 꼭두각시 하나님의 잔해를 모아 밀실에 던져 넣고 문을 잠가 버리고, 영적 쓰레기의 관리자가 되었습니다.

그러고는 지적 개념들과 종교적 사상의 거대한 세상에서 도피처를 찾아 다시 한번 헤매면서, 상처를 핥는 데 만족하며 고립 속으로 빠져들어 갔습니다. 그러나 지적 훈련은 살아 계신 하나님과의 관계를 대체할 수 없었고, 분리의 고통은 제게 공허와 냉소만 안겨 주었습니다. 마음속 깊은 곳의 공허한 통증을 깨끗이 하고 치유해 줄, 잡힐 듯 잡히지 않는 그 '소리'를 얼마나 간절히 원했던지요!

4년 동안 계속된 끊임없는 전쟁과 퇴각 속에서 저는 두 손 두 발 다 들었습니다. 관리인으로서의 제 역할을 양도하고 유년 시절의 하나님을 합당한 방식으로 매장했습니다. 미지의 세계에 조금씩 문을 열기 시작했던 거죠.

　이후의 회복기 동안, 저는 제 주변과 안팎에서 움직이는 부드러운 신비를 점점 더 인식했습니다. 수없이 많이 흘려보낸 고통스러운 세월 중 처음으로, 아주 천천히 하나님의 음성을 듣기 시작했습니다. 말 없는 음성은 이렇게 말했습니다. "들어라. 기다려라. 잠잠히 들어라."

　저는 아주 풍성한 침묵에 뿌리를 내리고 기다렸습니다. 말 없는 음성은 이렇게 말했습니다. "내가 너를 사랑한단다." 저는 산산히 부서졌습니다. 제가 없을 때 하나님이 느끼신 고통을 마주하고 저와 교제하기 원하시는 그분의 깊은 열망을 대했을 때, 예전에 느꼈던 고통—버림받고, 귀담아들어 주지 않고, 단절된—이 제게로 되돌아왔던 겁니다. 부드러운 은혜의 팔은, 박살 나고 상처 입은 저의 파편들을 모아 사랑이 충만한 치유의 포옹으로 저를 감쌌습니다. 더는 제가 스스로 관리할 책임이 없었습니다. 저는 하나님이 '관리하시는' 자유로운 존재였습니다.

　제대로 된 관계로 완전히 회복되었습니다. 저는 감사하면서 이러한 화해를 기뻐했지만, 그 달콤함에 빠져 있어서는 안 된다는 사실도 알았습니다. 머지않아 파티는 끝나고, 치유와 회복의 사역이 시작될 테니까요. 하지만 어떻게 시작한단 말입니까? 영적 포로기 동안, 기도의 언어에서는 기능적으로 문맹이 되어 버렸던 겁니다.

아주 기초부터 다시 시작할 마음은 얼마든지 있지만, 도대체 거기가 어디란 말입니까?

12개월에 걸친 화해 기간에 무작정 될 대로 되라는 식의 접근법이 제 기도의 특징이었습니다. 저는 주로 어떻게 기도하고 인도를 구해야 할지 모르겠다는 기도를 드립니다. 위기가 닥칠 때 어떻게 도움을 구해야 하는지는 잘 알지만, 일상에서 관계를 맺을 때는 더듬거리며 틀에 박힌 미숙한 말을 내뱉을 뿐입니다.

혼자 잘 해내고 있다는 환상이 깨지고 난 후 도움이 필요해서 선생님의 수업을 들었습니다. 필요하다면 포기하고 포용하고 변화하는 등 제 상황을 과목의 내용에 맞춰 조정하기로 결심하고 말입니다.

기도는 무엇보다도 반응하는 행동이라는 사실은, 하나님을 향해 울부짖던 제 오랜 세월에 완전히 새로운 시각을 가져다주었습니다. 저는 하나님이 이미 말씀하신 것을 인정하기를 꺼렸고, 제가 쓴 각본대로 그분이 말씀해 주시기를 요구했습니다. 제가 제 이야기에 하나님의 대사를 쓸 수 없다면, 저는 참여하지 않을 생각이었습니다. 그 외의 경우는 받아들일 수 없었습니다. 이어진 침묵이 하나님 편에서 말씀을 중단하신 것은 아니었습니다. 통제할 수 없는 말은 듣고 싶어 하지 않는 저 때문에 벌어진 일이었습니다. 하나님이 이미 말씀하신 것에 대한 반응이 곧 기도라는 이 단순한 사고의 변화는, 수년간 지속되었던 고통스러운 모호함과 분투를 순식간에 명확하고 의미 있게 만들어 주었습니다.

시편으로 기도할 때, 관점이란 기억의 산물이라고 생각합니다.

난생처음 시편으로 기도하고 선생님이 가르쳐 주신 대로 생각을 기록했을 때, 첫 문장은 이랬습니다. "읽으니까 기억이 난다." 계속해서 이렇게 적었습니다. "읽으면서 내 머릿속에 떠오른 상황―고통스러운 기억, 근심, 두려움, 외로움―은 그것들을 시편으로 가져올 때 더욱 강화된다. 시편은 현재 상황에서 가장 깊은 심연으로 나를 이끈다―추상적인 개념이나 도피의 소지는 전혀 없다."

수업 중에 "혼자서 하나님과 있는 것은 좋지 않다"는 말이 제 고립의 강에 천둥처럼 갑자기 스쳐 갔습니다. 저는 쿵 하고 질퍽한 강둑에 착륙했고, 건너기 어려운 일이 될 것임을 알았습니다. 사실, 언젠가는 일어서야 하고 발을 적셔야 합니다. 설상가상으로 이것은 제가 앞으로 계속해서 건너야 할 강들 중 하나에 불과합니다.

고립을 포기하고 공동체를 받아들이는 일은 특히 어려운데, 이것이 제 독립적인 '관리자' 근성을 침해하기 때문입니다. 관리자 역할을 영원하신 하나님께 양도하는 일은 정말 힘들었습니다. 결점 투성이 신자들의 공동체에 저 자신을 끊임없이 의탁해야 한다는 생각이 다소 공포스럽게까지 느껴졌습니다. 게다가, 그것이 실제로 무엇을 의미하는지에 대한 실마리도 저에게는 없는 듯했습니다.

그러나 시편과 선생님은 이렇게 말씀하시는 것 같습니다. 달리 방도가 없다면, 해결책은 바로 제가 가지고 있다고 말입니다.

시편으로 기도하는 동안, 저는 구태의연한 일상의 횡포에서 구조되어 의례와 리듬의 품에서 자랍니다. 시편은 쳇바퀴 도는 듯하고 예측하기 어려운 기도 생활을 일상에서 은혜를 지속하게 하는 것으로 변화시키는 도구입니다. 시편은 치명적인 일상의 역학에 빠져 죽어 가는 저를 건져 내어 리듬이라는 생명의 물로 안전하게 인도했습니다. 이 필수 도구들을 갖춘 뒤에는, 삶의 세세한 부분을 파고들어 가는 일만 남았습니다. 고통스럽고 불쾌한 성장과 관계의 실재들 말입니다.

    결론이요? 결론이라는 것이 실제로 있다고 생각하지 않습니다. 하지만 이제는 시편에 따라 기도하는 연습 가운데 제 영혼의 관리인, 즉 평생 동안 저를 인도하시고 보호하시고 기르시고 사랑하사 존재가 되게 하시는, 먼저 일하신 그분이 저를 지탱해 주심을 압니다.

# 주

## 서문

1  4세기 베들레헴, Jerome의 절친한 친구 Paula는 Marcella에게 편지를 써서 로마에서 빠져나와 그리스도 마을의 외딴곳으로 가라고 했다. 그녀는 몇몇 동료들과 함께 살았던 그녀와 그녀의 딸 Eustochium의 기도 생활을 묘사하면서, 시편을 "우리 살림살이에 필요한 도구(implement)"라고 불렀다. 이는 내가 사용한 은유인 "도구"(tool)와 흡사하다[Rowland E. Prothero의 *The Psalms in Human Life*(London: John Murray, 1903), p. 12에 인용].

2  저명한 시편 학자 A. F. Kirkpatrick은 그의 주석에서 "기독교 예배와 경배의 역사에서 시편이 가장 중요했음"을 보여 주었다. 그는 다음과 같은 대담한 주장을 했다. "시편이 사용된 역사를 기술한다면 그것은 교회의 영적 생활의 역사일 것이다. 초기부터 시편은 공예배 때 교회의 기도와 성가 매뉴얼이었고, 개인 성도들에게는 하나님과의 개인적인 교제에 사용된 기도서였다[A. F. Kirkpatrick, *The Book of Psalms*, 1st edition(Cambridge, England: Cambridge University Press, 1957), p. xcviii].

Louis Bouyer는 다른 각도에서 증거를 제시한다. "시편은 우리의 가장 기본적인 기도다. 시편은 사람의 기도인 동시에 또한 하나님의 말씀이기 때문이다. 그러므로 우리가 하나님의 말씀에 대해 우리의 기도로 가장 신실하고 가장 충실한 대답을 하기 원한다면, 다른 무엇보다도 인간의 입에서 나와 하나님의 말씀이 된 그 기도를 사용해야만 한다"[Louis Bouyer, *Life and Liturgy* (London: Sheed and Ward, 1962), p. 230].

Dietrich Bonhoeffer는 Finkenwalde의 비밀 신학 공동체를 지도했던 수년 동안 히틀러에 의해 교회들이 '넘어가는' 상황에 대항하기 위해 시편을 그 중심에 두었다. "**교회는 고대로부터 시편을 공동으로 사용하는 것에 특별한 의미를 두었다.** 오늘날까지 여러 교회에서 모든 예배의 시작에 시편을 사용한다. 그러나 이 관습은 대부분 사라져 버렸다. **우리는 그 기도로 돌아가는 길을 찾아야 한다.**" 강조는 내가 한 것이다[Dietrich Bonhoeffer, *Life Together*(New York: Harper and Brothers, 1954), p. 44, 『성도의 공동생활』, 복있는사람].

20세기 영적 스승 중 가장 지혜로운 이 중 하나인 Baron Friedrich von Hügel도 이 증거를 확증해 준다. 그는 그가 직접 기도 생활을 지도했던 조카 Gwendolyne Greene에게 쓴 편지에서 이렇게 말했다. "다른 모든 것에서 그렇듯이 이 부분에서도 네가 교회와 하나가 되어 있음을, 즉 네가 시편으로 기도하고 있음을 알겠다" [*Letters from Baron Friedrich von Hügel to a Niece*, Gwendolyne Greene, ed.(London: J. M. Dent and Sons, 1958), p. 185].

3  Martin Luther가 대표적이다. "시편은 모든 성도의 책이다. 그리고 모든 사람이, 그들이 어떤 상황에 있든 시편과 그 말씀이 그의 상황에 들어맞으며 마치 그를 위해 존재하는 것처럼 그에게 적합한 것임을 발견한다. 그것들보다 그에게 더 적합할 수 없고 더 나은 것을 찾거나 바랄 수 없다"[*Word and Sacrament I*, vol. 35 of *Luther's Works*(Philadelphia: Fortress Press, 1960), pp. 255-256].

4  Denise Levertov, *The Poet in the World*(New York: New Directions Publishing Corp., 1973), p. 243.

5  Augustine, *Enarratio in Psalm 85*, J. P. Migne, ed., Patrologia Latina(Paris, 1845).

6  그래도 주석들은 훌륭한 친구가 된다. 기도하는 그리스도인을 위한 가장 일반적인 개론서는 Walter Brueggemann, *The Message of the Psalms*[Minneapolis: Augsburg Publishing House, 1984, 『브루그만의 시편사색』, 솔로몬]이다.

7  John Calvin, *Commentary on the Book of Psalms*(Grand Rapids, MI: William B. Eerdmans Publishing Co., 1949, 1. 334).

8  Benedict는 정확히 이렇게 말했다. "마음이 목소리와 조화를 이루어 울려 퍼지도록 하라"["The Rule of St. Benedict", in *Western Asceticism*, ed. Owen Chadwick (Philadelphia: Westminster Press, 1958), p. 309].

## 1장 기도의 텍스트

**Epigraph** Michael Fishbane, *Text and Texture*(New York: Schocken Books, 1979), p. 141.

1  "시편이 시라는 사실은 그 내용에 어떤 영향을 미치는가?…시는 소리, 이미지, 단어, 리듬, 구문론, 주제, 아이디어들이 복잡하게 결합한 시스템에 의해 만들어지는 것으로서, 다른 종류의 담화를 통해서는 그 뜻이 쉽게 통하지 않는 난해한 의미, 때로는 모순된 의미를 전달하는 도구로 쓰인다.…시는 언어의 가장 복잡한 배열이

며 또한 어쩌면 가장 어려운 배열일 수 있다. 시의 형식적 한계 안에서 시인은 반복되는 강세, 특정한 시형론 체계, 대칭, 대구 그리고 그 내면의 소리와 이미지와 기록된 행위의 뒤엉킴, 문법적 목소리의 변조 등을 통해 유익을 얻을 수 있다. 그래서 그의 세계 인식에 일관성과 권위가 더해진다. 시편 기자가 시라는 형식에 있는 유연함과 뜻밖의 깨달음들을 즐거워한다고 해서 이 시들의 영적 진지함을 잃은 것이 아니다. 그것은 오히려 그의 영적 비전을 발견하는 주된 수단이다. 이것은 이 시들이 계속해서 우리의 상상을 자극할 뿐 아니라 우리 삶에 개입하게 하는 데 필요한 힘의 한 가지 원천이다"[Robert Alter, *The Art of Biblical Poetry*(New York: Basic Books, Inc., 1985), pp. 113, 136].

2  Calvin, Commentary, 1. xxxvii.

3  한 젊은 여자가 엉망이 된 자신의 삶을 내 앞에 쏟아 냈다. 그녀는 우리 교회 교인도 아니고 기독교 신앙을 고백하지도 않았다. 그러나 그녀의 이야기에는 나를 사로잡는 무언가가 있었다. 나는 그녀의 말을 끊고 물었다. "케리, 기도해 본 적이 있나요?" 그녀는 곧바로 대답했다. "아뇨, 전혀." 나는 잠자코 기다렸다. 그녀의 얼굴에 살짝 미소가 떠올랐다. 그러더니 다시 고쳐 말했다. "가끔은 하늘을 바라보며 소원을 빌죠." 나는 이것이 바로 확실한 차이라고 생각했다.

4  "지각의 문들이 깨끗이 청소되면 모든 것이 진실한 모습으로, 무한한 것으로 보일 것이다"[William Blake, *Selected Poetry and Prose*(New York: The Modern Library, 1953), p. 129].

## 2장 기도의 길

**Epigraph** T. S. Eliot, "East Coker", in *The Complete Poems and Plays* 1901-1950 (New York: Harcourt, Brace and Co., 1958), p. 127.

1  무엇이 사람으로 자기 주변 세상에 대해 알게 하는가? Plotinus(주후 270년 사망)는 "지식은 그 지식의 대상에 부합하는 기관이 필요하다"고 말했다. 아는 사람(the knower)의 구조 속에 적절한 '도구'가 없다면 아무것도 알 수 없다. 이것이 바로 '아데콰티오'(*adaequatio*, 일치)라는 위대한 진리인데, 이는 지식을 '사물과 지성의 일치'(*adaequatio rei et intelletcus*)로 정의한다. 이는 아는 사람의 이해는 알려지는 사물에 일치해야만 한다는 것이다[E. F. Schumacher, *A Guide for the Perplexed*(New York: Harper & Row, 1977), p. 39].

2  St. John of Cross는 기도의 삶에서 이 기본적인 진리를 가차 없이 주장하는데, Thomas Aquinas('철학자')를 전거로 자주 인용한다. "철학자가 말하듯이, 받고자 하는 것이 무엇이든 받는 사람이 그것을 받는 방식에 따라 받게 된다." 그런 뒤 그

는 부연 설명한다. "이 자연적 기능들은 초자연적이거나 신성한 방식으로 초자연적인 것들을 받고 향유할 순수함이나 힘 혹은 능력이 없다. 그래서 우리가 앞서 말했듯이, 그저 인간적이고 보잘것없는 그들 자신의 방식에 따른다. 신적인 것과 관련하여 이러한 기능들은 희미해져야만 하고, 그러면 자연적 성격이 버려지고, 정화되고, 소멸해 버린다. 이렇게 되면 받아들이고 작동시키는 보잘것없고 인간적인 방식을 잃어버리게 될 것이다. 따라서 이 모든 기능과 영혼의 취향들은 고상한 접대와 경험 그리고 신적이고 초월적인 경향에 맞게 길들고 준비된다. 이것은 옛 사람이 죽어야만 가능하다"[*The Collected Works of St. John of the Cross*, trans. Kieran Kavanaugh, O.C.D. and Otilio Rodriquez, O.C.D., (Washington, D. C., Institute of Caramelite Studies, 1979), p. 364].

이것은 오늘날 거의 전적으로 무시되는 진리다. 그러므로 우리는 기도의 인식론에 관한 교정 교습을 받아야 한다. 몇몇 증인들을 인용하는 것은 이것이 얼마나 근본적이고 중요한지를 강조하는 데 도움이 될 것이다. 동시에 시편 1편과 2편을, 우리가 기도하도록 준비시켜 주는 것 이상으로 좀 더 진지하게 받아들여야 한다는 점을 보여 준다.

William Blake: 바보가 보는 나무와 현자가 보는 나무는 같지 않다[*Selected Poetry and Prose*(New York: The Modern Library, 1953), p. 125].

Edwin Chargaff: 우리는 이미 우리 안에 가지고 있는 것만을 다른 사람에게서 취한다[*Heraclitian Fire*, (New York: The Rockefeller University Press, 1978), p. 111].

Thorlief Boman: Plato가 더 높은 직관, 특히 미의 가장 고상한 형태에 대한 직관은 그 사람이 필요한 노고와 희생, 포기의 값을 기꺼이 치르려 하는지의 여부에 달려 있음을 명확하게 보여 주기 위해 얼마나 노력했는지는 주목할 만하다. 이스라엘 사람들은 하나님의 복(시 15편; 24:3 이하)을 얻기 위해 이와 유사한 대가를 치러야만 했다. 그러므로 구경꾼의 영혼은 점진적으로 변화하여, 지속적으로 상승하는 미의 형태에 가까워져야 한다[*Hebrew Thought Compared with Greek*(New York: W. W. Norton & Co., 1970), p. 86].

Anaïs Nin: 우리는 사물을 있는 그대로 보지 않고, 사물을 우리의 모습대로 본다.

Lacordaire: 내가 보는 것(look at)을 다른 사람들도 다 본다. 하지만 아무도 내가 보는(see) 것을 보지 않는다[Pierre Lacoque, *The Jonah Complex*(Atlanta: John Knox Press, 1981), p. 104에 인용-].

Jesus: 마음이 청결한 자는 복이 있나니 그들이 하나님을 볼 것임이요(마 5:8).

W. R. Inge: 우리는 오로지 그 존재가 되어 감으로써 그 사물을 알 수 있다[*Christian Mysticism*(New York: Meridian Books, 1956), p. 93].

Amos Wilder: 황홀경을 떠올리는 자아의 통찰과 변형은 우선되는 훈련과 관계가 있다. 나는 Einstein의 명료한 공식이나 Dante의 낙원에서의 장미의 비전도, 그들이 한가로이 지낼 때 은접시 위에 놓인 채로 나오지는 않았으리라 생각한다. 틀림없이 묵상이나 현명한 수동성, 소극적인 능력도 연관되었겠지만, 수년에 걸친 강도 높은 열중도 필요했을 것이다. 이런 법칙이 천재들에게 유효하다면, 나머지 사람들에게도 유효한 법이다. 우리는 조작을 통해 신의 지혜에 손쉽게 접근할 수 없다. 마음에 일어난 불꽃을 오랜 기간 품고 가다듬어 실현되는 것과 혼동해서도 안 된다.…한밤중에 블랙커피와 브랜디를 마신 미숙한 사람은 마치 자신이 Plato와 Shakespear라도 되는 양 우주의 궁극적인 비밀들을 가정한다. 그러나 아침이 되면 그들이 끄적인 내용들은 전혀 그런 것이 아니다. 예술가와 신비주의자들은 우선 그들의 단계에 맞게 연습하고 기초를 배우고 반응을 훈련해야 한다. 술 취함은 '파이데이아'(*paideia*, 교양/교육)를 대체할 수 없다[*Theopoetics*(Philadelphia: Fortress Press, 1976), pp. 63, 67].

3  명사 '토라'(*torah*)는 동사 '야라'(*yarah*)의 타동사형인 히필(Hiphil)형에서 나왔다. '야라'는 '던지다'라는 의미지만, 히필형으로는 '던지다'라는 뜻과 함께 '가르치다'라는 의미도 있다. 어떤 사람이 다른 사람을 가르칠 때, 가르치는 사람은 자기 자신에게 있는 개념들을 다른 사람의 마음에 던지는 것이다. 하지만 그렇게 하는 동안 그 사람은 자기 자신 속에 있는 것을 '드러낸다'[George A. F. Knight, *A Christian Theology of the Old Testament*(Atlanta: John Knox Press, 1959), pp. 237-238]. 그 단어가 사용되면서 그것은 의미들을 축적했다. 그리고 수백 년 동안 그 단어가 사용되면서 그것은 하나님의 선택에 대한 전체적인 계시와 이스라엘이 그것을 어떻게 받아들였는지를 개괄하는 포괄적인 단어가 되었다. 그러나 항상 그 단어에는 생생함이 있었고, 명사 안에 깊이 새겨진 행위가 있어서 그것은 책꽂이나 도서관 안에 있는 것으로 전락할 수 없었다. Gerhard von Rad, *Old Testament Theology*(New York: Harper and Brothers, 1962), 1. pp. 221-223를 보라. 그런데 하나님의 계시를 법률, 즉 '율법'으로 다룬 '숙명적인 변화'(von Rad의 관용구)

가 일어났다. 그 율법은 성숙한 내적 동의를 찾는 명령이기보다는 외부에서 부과되었다. 그러나 그것은 기도 생활에서는 뚜렷이 나타나지 않는다. 시편에 나타난 토라의 '삶의 자리'(*Sitz im Leben*)는 점점 더 인간의 마음이 되었다(pp. 199-200).

4 James Luther Mays, "The Place of the Torah Psalms in the Psalter", *Journal of Biblical Literature* 106(March 1987): p. 3.

5 James Luther Mays는 '하가'(*hagah*)를 "구두로 진행되는 방식의 연구"로 묘사한다. 그것은 구두로 열거하고 반복한다. '하가'는 어떤 문제가 사고와 의지와 행동의 일부가 될 때까지 수용하는 자세로 반복함으로써 하나님의 명령을 찾는다(같은 책, p. 9).

6 "관개 수로 곁에 옮겨 심긴 나무"는 "시냇가에 심은 나무"와 비교할 때 조금 끼워 맞춰진 듯이 들린다. 그러나 *shatul palgey mayim*라는 단어들의 분명한 의미는 그 외의 다른 것을 허용하지 않는다. C. A. Briggs, *A Critical and Exegetical Commentary on The Book of Psalms*(Edinburgh: T. & T. Clark, 1906), 1:9을 보라.

7 John Gardner, *On Moral Fiction*(New York: Basic Books, Inc., 1978), p. 67.

8 그녀는 마침내 생각에 잠겨 이렇게 말했다. "알았어요. 이제 알았다고요. 이 정원은 그 마구간 같아요. 내부가 외부보다 훨씬 더 크죠."
"하와의 딸아, 그렇다." 폰이 말했다. "위로 점점 더 올라갈수록 그리고 점점 더 네 안으로 들어갈수록, 모든 것이 더 커진단다. 내부가 외부보다 훨씬 더 크지"[C. S. Lewis, *The Last Battle*(Middlesex, England: Penguin Books, 1967), p. 162, 『나니아 나라 이야기 7: 마지막 전투』, 시공주니어].

9 Hans Urs von Balthasar, *The Glory of the Lord*(San Francisco: Ignatius Press, 1982), 1:218.

## 3장 기도의 언어

**Epigraph** Eugen Rosenstock-Huessey, *Speech and Reality*(Norwich, VT: Argo Books, Inc., 1970), p. 145.

1 Bernard Lonergan은 20세기의 Aquinas라고 할 수 있다. Lonergan은 학습하고 성장하는 모든 면에서, 그러나 무엇보다도 신학적인 면에서 전인을 이성과 영의 도구로 주의 깊고 끈질기게 설명함으로써, 기도하는 모든 사람을 기도 방식에 대한 모든 훈련에 다시 참여시킨다. 특히 그의 *Method in Theology*(New York: Seabury Press, 1972)를 보라.

2 Max Black, *The Importance of Language*(Ithaca, NY: Cornell University

Press, 1962), 서언.
3 Eugene H. Peterson, "First Language", *Theology Today* 42(July 1985): p. 211.
4 Walter Wangerin, Jr., *The Orphean Passages*(San Francisco: Harper & Row, 1986), p. 48. 그는 또한 살아 있는 신앙에서 이 세 형식의 언어가 어떻게 건강하게 유지될 수 있는지 폭넓게 검토하고 있다. 특히 pp. 54-61를 보라.
5 "진실한 기도가 종교들 속에 살아 있다는 것은 그 종교들에 진실한 생명이 있음을 증명하는 것이다. 종교에 기도가 살아 있는 한 그 종교는 살아 있다. 종교의 타락은 그 종교의 기도가 타락했음을 의미한다. 종교 속에 있는 관계의 힘이 객관성에 의해 점점 더 묻히고 있다. 분리되지 않은 전인으로서의 '당신'을 말하는 것이 더욱 어려워졌음을 발견한다"[Martin Buber, *I and Thou*, trans. Walter Kaufmann(New York: Charles Scribner's Sons, 1970), p. 167, 『나와 너』, 대한기독교서회].
6 Karl Barth, *Anselm: Fides Quaerens Intellectum*, trans. Ian W. Robertson, (New York: Meridian Books, The World Publishing Co., 1962), p. 36.

## 4장 기도의 이야기

**Epigraph** Reynolds Price, *A Palpable God*(San Francisco: North Point Press, 1985), p. 14.
1 Brevard Childs, *Introduction to the Old Testament as Scripture*(Philadelphia: Fortress Press, 1979), p. 520.
2 Peter Ackroyd, *Doors of Perception: A Guide to Reading the Psalms*(London: SCM Press, 1978), pp. 35-36, 74-76.
3 Annie Dillard, *Teaching a Stone to Talk*(New York: Harper & Row, 1982), p. 55.
4 Martin Buber의 글을 인용, 풀어 쓴 것이다. 그는 이렇게 말한다. "직접 말씀하시고 또 말씀을 들으시는 그분은 한 인간 — 이 단어의 온전한 의미에서 — 이시다. 그분이 인간의 말로 말씀하시기 전에 그 말은 다른 언어로 그분에게 들린다. 그러면 그분은 그것을 인간의 언어로 바꾸시고, 이 말은 인간 사이에 오간 말이 된다. 하나님은 사람에게 말씀하시기 위해 한 인격체가 되셔야만 한다. 그러나 그분은 인간에게 말하기 위해 그 역시 한 인격체로 만드셔야 한다.…이스라엘 선지자들 중 오직 예레미야만이 감히 이 전적으로 열등한 존재와 전적으로 우월한 존재 사이의 대담하고 신실한 삶의 대화에 주목했다. 이렇게 여기서 그가 한 사람이 된다. 모든 이스라엘 백성의 신앙의 관계는 대화적이다. 여기서 그 대화는 가장 순수한 상태에 도

달한다. 인간은 말할 수 있고, 말하도록 허락받았다. 인간이 진정 하나님께 말할 수 있을 때, 그분에게 말하지 말아야 하는 것은 없다"[Martin Buber, The Prophetic Faith(New York: The MacMillan Co., 1949), pp. 164-165].

## 5장 기도의 리듬

**Epigraph** Odysseas Elytis, *"First Things First"*, trans. Olga Broumas, *American Poetry Review* 17, (January/February 1988); p. 10.

1 1961년 뉴욕 강좌에서. 히브리어만큼 '뒤흔들기'에 잘 준비된 언어는 없다. 그 리듬은 힘차고 고동치듯 율동하며 대체로 규칙적이다. 어휘들은 짧다. 문장은 단순하다. 음운 체계와 구문론이 결합하여 매우 리듬감 있는 말을 만들어 낸다. 기본 속성상, 히브리어에는 헬라어와 라틴어가 지닌 미묘한 리듬의 변주는 없다. 히브리어의 구문론에서는 약강 5보격(iambic pentameters, 10음절로 구성된 시의 한 행에서 두 음절씩 짝을 이루어 다섯 번의 약강의 운율을 가지는 것 — 옮긴이)이 불가능하다. 히브리어의 음운론상으로는 강약약격(dactyl)이 있을 수가 없다. "우리 대부분은 궂은 날씨에 해변가에 서서 바람에 밀려온 파도를 본 적이 있다. 그 물결에 큰 물마루가 넘실대고, 우리 눈은 그중 하나를 포착하여 그것이 빠른 속도로 경사진 모래톱에 부딪혀 부서지는 과정을 본다. 물이 떨어지기 전 잠시 잠잠한 순간, 이를테면 엄청난 긴장이 흐르는 순간이 이어진다. 나는 이 광경을 볼 때마다 히브리어 단어나 어떤 구절이 마음속에 떠오른다. 그리고 혼자서 히브리어 성경을 읽을 때마다 이 광경이 내 머릿속에 배경으로 펼쳐진다. 당신은 처음 시작할 때부터 이처럼 급한 움직임을 경험한다. 어찌할 바를 알 수 없을 정도로 긴 모음은 견디기 어려운 장애물이며 길을 가로막는 산을 넘고 열심히 속도를 내어 어조에 가까이 다다른다. 그러면 그것이 굉장한 소리를 내며 엄청난 강세를 감지하기 전에, 잠시 동안 전체가 바로 앞 음절에서의 모호한 긴장감에 붙들린다. 히브리어의 강음은 매우 힘에 넘쳐서 히브리어의 본질적인 리듬 법칙을 모두 폐기해 버리고 개방 음절에서의 짧은 모음과 폐쇄 음절에서의 긴 모음과 같이 기괴한 것으로 대체한다" [T. H. Robinson, *The Genius of Hebrew Grammar*(London: Humphrey Milford, 1928), p. 8].

2 James Muilenburg in his introduction to H. Gunkel, *The Psalms, A Form-Critical Introduction*(Philadelphia: Fortress Press, 1967), p. iv.

3 Dante Alighieri, *The Divine Comedy: Paradise*, trans. Dorothy Sayers and Barbara Reynolds(Baltimore: Penguin Books, 1962), p. 347. 『신곡-천국편』 (민음사).

4  하나님이 말씀하셨다. 나는 잠을 자지 않는 사람을 좋아하지 않는다.
   잠은 인간의 친구다.
   잠은 하나님의 친구다.
   잠은 어쩌면 내가 창조한 것 중 가장 아름다운 피조물일 것이다.
     나 자신도 일곱째 날에는 쉬었다.
   마음이 깨끗한 자는 잠을 잔다. 잠자는 자는 깨끗한 마음의 소유자다.
   이것이 바로 어린아이처럼 지치지 않는 존재가 되는 비결,
     어린아이의 두 다리처럼 강한 힘을 얻는 비결이다.
   새로운 다리, 새로운 영혼으로,
   모든 아침은 새로운 시작이 된다.
   청년의 소망처럼, 새로운 소망이 샘솟는다.
   그러나 일은 열심히 하면서 잠은 제대로 안 자는 사람들이 있다니,
   잠을 자지 않는 사람들이 있다니, 나를 믿지 못하는 탓이다.

   불쌍한 사람들. 나는 그들을 반대한다. 그들은 나를 별로 신뢰하지 않는구나.
   어린아이는 순전하게 엄마 품에 안겨 있는데, 그들은 안기지 않는다.
   그처럼 내 섭리의 팔에 순전하게 안기지 않는다.
   그들에게는 일하려는 용기는 있는데 한가하게 놀 힘은 별로 없다.
   몸을 쫙 펴고, 쉬고, 잠을 잘 힘은 없다.
   가여운 사람들. 그들은 무엇이 선한지를 모른다.
   낮에는 자기 일을 척척 하지만
   밤에는 그 일들을 나에게 맡기지 않는다. 나를 온전히 신뢰하지 못하는 탓이다.
   내가 하룻밤도 돌볼 수 없을 거로 생각한다.
   잠을 자지 않는 사람은 소망에 불성실한 사람이다.
   그것이 가장 큰 불신앙이다
   [Charles Peguy, *Basic Verities*(New York: Pantheon Books, 1943, pp. 209-211].

5  Francis de Sales, *Introduction to the Devout Life*, trans. John K. Ryan(Garden City, NY: Image Books, Doubleday & Co., Inc., 1955), pp. 157-163.

6  Maisie Ward, *Gilbert Keith Chesterton*(Baltimore: Penguin Books, 1958), p. 397에서 인용.

7  Karl Barth, *Church Dogmatics*(Edinburgh: T. and T. Clark, 1962), III/4, p. 107.『교회 교의학』(대한기독교서회).

## 6장 기도의 은유

**Epigraph** Joe Tharpe, in *Walker Percy*(Boston: Twayne Publishing Co., 1983), p. 13에 인용됨.

1  John Calvin, *Institutes of the Christian Religion*(Philadelphia: Westminster Press, 1960), pp. 72, 171, 61, 341 그리고 그의 주석들에 자주 나온다. 『기독교 강요』(CH북스).

2  Annie Dillard, *Pilgrim at Tinker Creek*(New York: Harper & Row, 1974) p. 223.

3  Virginia Stem Owens, *And the Trees Clap their Hands*(Grand Rapids, MI: William B. Eerdmans Publishing Co., 1983), p. 16. 이 책은 이 만연한 영적 질병에 관한 훌륭한 진단이자 해독제다. 그 북미적 형태에 집중한 또 다른 종합 처치법은 Philip J. Lee, *Against the Protestant Gnostics*(New York: Oxford University Press, 1987)이다.

4  C. S. Lewis, *Mere Christianity*(New York: The MacMillan Co., 1976), p. 65. 『순전한 기독교』(홍성사).

5  특히 Baron Friedrich von Hügel, *Essays and Addresses on the Philosophy of Religion*, second series(London: J. M. Dent and Sons, 1926)를 보라.

## 7장 기도와 예배

**Epigraph** Cynthia Ozick, *The Cannibal Galaxy*(New York: Alfred A. Knopf, 1983), pp. 88-89.

1  Jerome은 Marcella에게 보내는 편지에서 첫 번째 설명을 옹호한다. 그는 이 단어의 용례를 '아멘'이나 '샬롬'의 용례와 비교한다. 즉 단락의 마침을 표시하고 그 내용을 확인하며, 축복이 삽입될 수 있는 휴지기 말이다. 대다수의 현대 학자들이 이에 동의한다. 70인역의 번역인 '막간'(*diapsalma*)은 이것과 맥이 통한다. 소수의 사람들, 특히 Ewald는 '셀라'가 '큰 소리로'라는 의미라고 주장했다. 어떤 학자는, '셀라'란 심벌즈에게 밋밋한 찬양의 흐름을 끊어야 한다고 말하는 신호라고 추측한다. Charles A. Briggs, *A Critical and Exegetical Commentary the Book of Psalms*(Edinburgh: T. & T. Clark, 1906), p. 1: 1xxxvii, and *Interpreters Dictionary of the Bible*, 3:460를 보라.

학자들 사이에서 도출된 명확한 합의가 없으므로, 나는 조금 덜 학문적이면서도 조금 더 흥미로운 제안을 자유롭게 해 왔다. **셀라**는 다윗이 사울의 궁정에서 쫓겨나 광야에서 악당들이나 추방자들과 어울리며 어려운 시기를 보내는 동안 배운 블레셋의 허사(또는 비속어)라는 것이다. 그는 하프 줄을 끊어 먹을 때마다 이 단어를 사용했다.

2 Sigmund Mowinckel은, 시편을 해석하는 것을 거의 오로지 사적 종교의 표현으로 보는 잘못된 학문적 전제를 불식했다. 그는 이렇게 썼다. "해석가들은 다소 의식적으로 경건주의, 부흥 운동, 이성주의, 자유주의에서 공통된 정돈된 교회 예배를 경멸했다. 종종 경건주의의 영향을 받은 집단에서 온 그들은 그 같은 집단이 유대교에도 있다는 점을 당연히 여겼고, 거기서 찬송가의 발상지를 찾았다"[Sigmund Mowinckel, *The Psalms in Israel's Worship*, trans. D. R. Ap-Thomas(Oxford: Basil Blackwell, 1962), 1:13].

3 Helmer Ringgren, *The Faith of the Psalmists*(Philadelphia: Fortress Press, 1963), p. 1.

4 "예배학자들(liturgists)의 노고가 일반적으로 그렇게 정중히 무시당하는 까닭은 대개 그들 자신의 탓이다. 그들은 끈질기게 그들의 주제를 주로 미학에 몰두된 고도로 전문화된 고고학의 한 분야로 제시한다. 예배가 사람들—그들은 구속되었지만 타락한 세상의 엉망진창인 역사가 계속되도록 도우면서, 항상 자신들의 영적인 삶을 이끌어야 했다—의 현실이나 필요와 동떨어진 채 일종의 교회의 진공 상태 안에서 발전해 온 것처럼 말이다. 고고학은 확실히 전문가들에게는 매력적이지만, 난해한 작업이다. 아름다움은 하나님에게서 비롯되고, 그 자체만 본다면 그분의 예배에 꼭 맞게 사용될 수 있다. 하지만 그것은 그 목적에 맞는 수단일 뿐이며, 거의 모든 면에서 직접적으로 꼭 필요한 수단은 아니다. 보통 사람은 기도 그리고 하나님과의 교제에 난관이 있다는 사실을 잘 안다. 그러나 이런 난관은 그들의 테크닉이 아니라 인간 삶의 본질에서 비롯된다는 사실도 잘 안다. 예배는 신비롭지만 또한 매우 직접적이고 일상적인 인간의 행위다. 그것은 평범한 사람, 즉 그것이 친숙하고 성스럽지만 그래도 역시 그것을 일상적인 일로 여기는 사람이 하도록 의도되었다. 따라서 그는 순전히 고고학적인 원리에 의거해서 기도하는 것을 정당하게 거부한다"[Dom Gregory Dix, *The Shape of the Liturgy*(London: Dacre Press, 1945), p. xiv].

5 *The Collected Works of St. John of the Cross*, trans. Kieran Kavanaugh, O. C. D. and Otilio Rodriguez, O. C. D.(Washington, DC: Institute of Carmelite Studies, 1979), pp. 122, 228).

6 이에 관하여서 중요한 역사 비평적 발견은, 시편의 역사적 배경이 특정한 역사적 사건들이 아니라 공동체의 제식적 생활에서 찾아볼 수 있었다는 점을 단호하게 주장했던 H. Gunkel의 양식 비평적 연구를 따랐다[Brevard Childs, *Introduction to the Old Testament as Scripture*(Philadelphia: Fortress Press, 1979), p. 509].

## 8장 기도와 원수들

**Epigraph** Ernest Becker, *The Denial of Death* (New York: The Free Press, 1973), p. 283. 『죽음의 부정』(한빛비즈).

1 "시편에서 이야기하는 희생자는 적어도 '도덕적' 의미의 희생자는 아닌 듯하고, 현대의 훌륭한 사도들에 비해 충분히 복음적으로 보이지도 않는다. 우리 인도주의자들의 감각은 충격을 받는다. 대개 불운한 희생자는 자기를 미워하는 사람들을 미워하게 된다. '구약에 특징적으로 나타나는' 폭력과 분노에 대해서는 한탄이 나타나고, 이스라엘의 하나님의 유명한 악의가 특히 분명하게 나타난다. Nietzsche 이래로 사람들은 시편에서 우리를 오염시키는 악한 감정들인 굴욕, 분노가 나오는 것에 주목한다. 우리는 악의에 찬 시편과 대조적으로 특히 그리스와 독일의 아름다운 신화를 만난다. 그들의 의는 너무나 강력하고 확신에 차 있어서 그들의 희생자는 진정 죄를 지었으며 박해하는 자는 고통당할 이유가 없다.

사실, 시편의 희생자는 혼란스럽다. 또 놀라운 고전적 조화를 맛본 Oedipus와 비교해 볼 때 짜증스럽기까지 하다. 주어진 순간 Oedipus가 기괴 있고 우아하게 스스로를 비난하는 것을 보라. 그는 소파에 앉은 열정적인 정신 분석 환자로, 스탈린 시대의 옛 볼셰비키주의자로 변한다. 실수하지 말라. 전위 예술주의의 거센 몰아침과 별반 다를 게 없는 우리 시대에 그는 순응주의의 최고 본보기다. 우리 지성들은 그런 예속 상태에 무척이나 열렬한 관심을 보임으로써 스탈린주의가 나오기 전에 스탈린주의자 당파를 형성했다. 인류 역사상 최고의 박해에 관한 면밀한 조사를 하는 데 50여 년이 걸렸다는 사실에 대해 어떻게 우리가 놀라지 않을 수 있을까? 신화는 침묵 훈련에는 최고의 학교다. 우리는 성경과 신화 사이에서 절대로 주저하지 않는다. 우리는 첫째로 고전주의자고, 둘째로 낭만주의자며, 필요할 때는 원시인이고, 분노한 모더니스트며, 모더니즘을 혐오할 때는 신원시인이며, 언제나 영지주의자다. 그러나 결코 성경적이지는 않다"[Rene Girard, *The Scapegoat* (Baltimore: Johns Hopkins University Press, 1987), p. 104. 『희생양』, 민음사].

2 Walter Klise, *The Last Western* (Allen, TX: Argus Communications, 1974), p. 126.

3 Walter Brueggemann, *The Message of the Psalms* (Minneapolis: Augsburg Publishing House, 1984), p. 77. 『브루그만의 시편사색』(솔로몬).

4 "가장 무자비한 동사"는 "네 자식들을 땅에 메어치며"(눅 19:44)에 나오는 '에다피조'(*edaphidzo*)이다. 이는 신약에서 유일하게 등장한다.

5 Dietrich Bonhoeffer, *The Psalms: The Prayer Book of the Bible*, trans. James H. Burtness (Minneapolis: Augsburg Publishing House, 1974). 『본회퍼의 시편 이

해』(홍성사).

## 9장 기도와 기억

**Epigraph** Czeslaw Milosz, 1980 노벨 강연에서, *The New York Review of Books*, 5 May 1981, p. 12에서 발췌.

1 이 이미지는 Walter Hilton의 것이다. "그들은 온종일 죄에 대항하여 싸우고 미덕을 얻고자 분투한다. 위에 올라탔다가 밑에 깔리다가 하면서 그들은 씨름을 한다" [*The Scale of Perfections*, ed. Evelyn Underhill(London: Watkins, 1948), part II, section 36].

2 "얼룩덜룩한 아름다움(Pied Beauty)", in *Gerald Manley Hopkins: A Selection of His Poems and Prose*, ed. W. H. Gardner(Baltimore: Penguin Books, 1953), p. 30.

3 Fredrick Buechner의 말이다. *The Alphabet of Grace*(New York: The Seabury Press, 1977), p. 37.

4 Will Bradbury, William Zinsser, *On Writing Well*(New York: Harper & Row, 1985), p. 138에 인용.

5 소설가 Walker Percy가 쓴 문화 비평에 대한 책 제목(New York: Farrar, Straus and Giroux, 1983).

6 Eudora Welty, *One Writer's Beginning* (Cambridge, MA: Harvard University, 1984), p. 90.

7 "다정하게 빛을 이끌다(Lead Kindly Light)", *The Hymnbook*(Philadelphia: Presbyterian Church, 1955), p. 281.

8 Frank Kermode, *The Sense of an Ending*(New York: Oxford University Press, 1967), p. 52에 언급됨. 『종말 의식과 인간적 시간』(문학과지성사).

## 10장 기도의 끝

**Epigraph** T. S. Eliot, "Little Gidding", in *The Complete Poems and Plays 1909-1950* (New York: Harcourt Brace and Co., 1958), p. 144.

1 H. Gunkel and J. Begrich, *Einleitung in die Psalmen*(Göttingen, 1933), p. 173.

2 B. A. G. Fuller, *History of Philosophy*(New York: Henry Holt & Co., 1945), pp. 178-179.

3   José Ortega y Gasset, *What is Philosophy?*(New York: W. W. Norton & Co., 1960), p. 243.
4   정경에 포함된 시편의 놀랄 만한 특성들 중 하나는 종말론의 곡조가 지배적인 시편의 수가 많다는 것이다. '파수꾼이 아침을 기다림보다 내 영혼이 주를 더 기다리나니'(130:6). '여호와께서 시온을 건설하시고 그의 영광 중에 나타나셨음이라'(102:16). 시 69:34; 126:4 이하를 참고하라.
    "그러나 시편의 최종 형태는 본질상 매우 종말론적이라고 설명할 수 있다. 시편은 미래를 내다보면서 미래의 도래를 열정적으로 동경한다. 심지어 시편 기자가 '여호와가 행하신 큰일'을 찬양하며 과거를 잠시 돌아볼 때라 할지라도, 언제나 그러한 이행은 방향을 바꾸어서 다시 미래로 구원의 소망이 투영된다(시 126:6). 시편에 나타난 이스라엘 예배의 관점은 종말론적 지향성을 갖고 있다"[Brevard Childs, *Introduction to the Old Testament as Scripture*(Philadelphia: Fortress Press, 1979), pp. 517-518].
5   Karl Barth, *Church Dogmatics*(Edinburgh: T & T Clark, 1961), III/4, p. 377. 『교회 교의학』(대한기독교서회). 또한 "'나는 기뻐하리'는 보통 '나는 기대감을 갖고 기뻐하리'라는 의미인데, 여기에 잘못된 점은 없다. 기쁨은 대개 예상했던 바다. 심지어 성취를 경험한다 할지라도, 특히 이 경험이 진짜일 때라도 그것은 보통 즉시 예상된 기쁨으로 변하는데, 예를 들어 더 성취될 것을 기대하면서 갖는 기쁨 같은 것이다. 이 점에서 기쁨은 보통 종말론적인 성격을 갖는 그 무엇이다."
6   시편에서 가장 극적인 예는 시 22:22이다.
7   *The Collected Works of St. Teresa of Avila*, trans. Kieran Kavanaugh, O. C. D. and Otilio Rodriguez, O. C. D.(Washington, DC: Institute of Carmelites Studies, 1976), 2:246.
8   히브리 본문에는 '눈'(*nun*)이 생략되어 단지 스물한 자만 나타나 있다. 그리스어역본(70인역)에는 그것이 있는 것으로 보아 전달 과정에서 우연히 떨어져 나갔을 것이다.
9   Harvey H. Guthrie, Jr., *Theology as Thanksgiving: From Israel's Psalms to the Church's Eucharist*(New York: The Seabury Press, 1981)를 보라.
10  Annie Dillard는 창조 세계에 대한 심오하고 관상적인 해석인 *Pilgrim at Tinker Creek*에서, 과정 속에서 많은 고통과 수수께끼를 끊임없이 뚫고 나가면서, 유사하고 시편다운 결론에 도달한다. "나는 마지막에 하는 기도는 손님이 문에서 주인에게 감사하는 것처럼 '기쁨'이 아니라 '감사'라고 생각한다. 비행기에서 떨어지면서 사람들은 공중에서 아래로 향하면서 감사, 감사를 부르짖는다. 그러나 차가운 기체는 암벽 위에 부딪힌다. 신은 장난이 아니다. 우주는 장난이 아니라 엄숙하고 무한

하고 진지하게 만들어졌다. 심오하게 비밀스럽고 거룩하고 신속한 권능으로 만들어졌다. 미리 만들어진 것은 아무것도 없다. 그러나 그것을 무시하면 보게 될 것이다. Billy Bray처럼 나는 내 길을 가고, 내 왼발은 '영광'이라 말하고, 오른발은 '아멘'이라 말한다. 쉐도우 크릭 안팎에서, 상류로 올라가며 하류로 내려가며, 기뻐하며, 눈이 부셔서 멍하게, 춤추면서, 두 개의 은나팔로 찬양하면서"[Annie Dillard, *Pilgrim at Tinker Creek*(New York: Harper's Magazine Press, 1974), pp. 270-271].

11 웨스트민스터 소요리 문답은 시편이 끝맺는 지점에서 시작한다. "질문1: 사람의 제일되는 목적은 무엇인가? 답: 하나님을 영화롭게 하는 것과 영원토록 그를 즐거워하는 것이다."

하나님께 응답하는 기도 개정판

초판 발행_ 2003년 1월 16일
초판 14쇄_ 2017년 1월 25일
개정판 발행_ 2021년 12월 21일
개정판 4쇄_ 2024년 11월 15일

지은이_ 유진 피터슨
옮긴이_ 편집부
펴낸이_ 정모세

펴낸곳_ 한국기독학생회출판부
등록번호_ 제2001-000198호(1978.6.1)
주소_ 04031 서울시 마포구 동교로 156-10
대표 전화_ (02)337-2257  팩스_ (02)337-2258
영업 전화_ (02)338-2282  팩스_ 080-915-1515
홈페이지_ http://www.ivp.co.kr  이메일_ ivp@ivp.co.kr
ISBN 978-89-328-1884-9

ⓒ 한국기독학생회출판부 2021

책값은 뒤표지에 있습니다.
무단 전재와 복제를 금합니다.